Michael Leister

Die Grundsätze des Glücks

Die Grundsätze des Glücks

50 Grundlagen für mehr Glück, Zufriedenheit, Selbstbewusstsein und Erfolg

Von Michael Leister

Haftungsausschluss:
Die Inhalte in diesem Buch wurden sorgfältig und besten Gewissens recherchiert und zusammengetragen. Sie spiegeln die persönliche Meinung und Erfahrung des Autors wider. Der Autor übernimmt daher keine juristische Verantwortung oder Haftung für Schäden, die durch eventuelle Fehler oder nicht kompatible Lebensumstände entstehen.
Trotz sorgfältigen Lektorats können Rechtschreib- oder Grammatikfehler vorhanden sein.

Die Grundsätze des Glücks – 50 Grundlagen für mehr Glück, Zufriedenheit, Selbstbewusstsein und Erfolg
Von Michael Leister

Herausgegeben von:
Ata Medien Verlag, Aachen
info@ata-medien.de
www.ata-medien.de

Coverdesign: Guter Punkt | Agentur für Gestaltung, München
www.guter-punkt.de

Buchsatz: Buch-Werkstatt GmbH, Bad Aibling
www.buch-werkstatt.de

Printed in Germany by Amazon Distrubtion GmbH, Leipzig

ISBN: 978-1540837981

Inhaltsverzeichnis

Vorwort

Sie leben Ihr Leben gewissenhaft und pflichtbewusst. Tag für Tag gehen Sie Ihren Aufgaben und Verpflichtungen nach, kümmern sich um Ihre Mitmenschen und handeln nach Ihrem besten Gewissen und Moralempfinden. Sie machen das, weil Sie es so gelernt haben und weil Sie es für richtig halten. Irgendwann merken Sie jedoch, dass irgendetwas nicht stimmt. Obwohl Sie sich um geradezu alles in Ihrem Leben kümmern, müssen Sie feststellen, dass irgendetwas fehlt oder immer zu kurz kommt. Es dauert nicht lange, bis Sie herausfinden, was es ist: Es sind Sie selbst.

In unserem modernen Alltag geht es in erster Linie darum, zu funktionieren. Wir leben in einer Leistungsgesellschaft, in der die Fleißigen belohnt werden und die Schwachen auf der Strecke bleiben. Diesem Druck ausgesetzt, versuchen wir, möglichst viel zu schaffen, um so erfolgreich wie möglich zu werden. Wir machen Geld zum Mittelpunkt unseres Lebens und investieren täglich mehr als die Hälfte unserer Lebenszeit, um es uns zu verdienen. Je mehr wir davon haben, desto mehr materiellen Besitz können wir uns kaufen und die Medien lehren uns, dass in

genau diesem System das Erreichen von mehr Lebensqualität liegt.
Dass Sie diese Zeilen lesen, verrät mir etwas über Sie: Sie haben bereits vollkommen richtig erkannt, dass das Ganze ein Trugschluss ist, der Sie Ihre Lebenszeit, Kraft und Zufriedenheit kostet. Es ist an der Zeit, grundlegend etwas zu verändern und wirklich glücklich zu werden. Dabei soll dieses Buch Ihnen helfen.

Mein Name ist Michael Leister und ich heiße Sie herzlich willkommen zu: »Die Grundsätze des Glücks«. Als Autor und Blogger habe ich über die letzten Jahre eine große Reichweite aufgebaut. Mit Bestsellern wie »Endlich selbstbewusst« oder »Das Geheimnis der Anziehung«, sowie meinem stark besuchten Blog »Dein Fußabdruck« behandle ich alle möglichen Aspekte rund um die Themen Glück, Zufriedenheit, persönlicher Erfolg, Selbstbewusstsein und Lebensfreude. Dennoch hatte ich bis jetzt immer das Gefühl, etwas vernachlässigt oder nicht richtig gemacht zu haben. Es blieb die innere Unruhe, etwas Grundlegendes vergessen zu haben. Das Heilmittel gegen diese Unruhe halten Sie nun endlich in Ihren Händen!
Meine bisherige Arbeit hat sich für tausende Menschen als effektive Hilfestellung bei allen möglichen Themen rund um die persönliche Entwicklung bewährt und dennoch fehlte stets etwas Entscheidendes: Es fehlte ein Fundament, ein Manifest, eine Grundlage. Ein Ansatzpunkt, an dem Leserinnen und Leser ihre Reise zu mehr Glück, Zufriedenheit und wahrem Erfolg starten können. Dieses Manifest liegt nun vor Ihnen.

»Die Grundsätze des Glücks« sind 50 Gedanken, Tatsachen und Möglichkeiten, die das Potenzial bergen, Ihr Leben schlagartig und nachhaltig zum Positiven zu verändern. Sie bilden die Grundlage der persönlichen Entwicklung und helfen Ihnen dabei, ein Mindset zu entwickeln, das Sie auf direktem Weg zu mehr Glück und Lebensqualität führt. Sie werden entdecken, was wirklich wichtig für Sie ist und lernen, Ihre Prioritäten entsprechend zu setzen.
Sie werden Neues erfahren, völlig neue Sichtweisen zu bekannten Glaubenssätzen entwickeln und Bestätigung in vertrauten Gedankenmustern finden, die sich für Sie bereits als nützlich erwiesen haben. Insgesamt werden Sie lernen, Ihr gesamtes Denken auf Glück, Zufriedenheit, Lebensqualität und wahren Erfolg auszurichten. Dabei liegt der Fokus auf Nachhaltigkeit. Sie sollen nicht einfach nur das Buch lesen, kurzzeitig motiviert sein und kurz darauf wieder all Ihre guten Vorsätze vergessen.

Der Schlüssel zur Wirkung der positiven Glaubenssätze ist ehrliches Verständnis. In diesem Buch geht es nicht darum, dass ich Ihnen sage, was Sie tun sollen, damit Sie diesen Anweisungen blind folgen. Es geht darum, dass Sie konstruktive und produktive Vorschläge und Erklärungen erhalten, damit Sie erkennen, was wirklich gut für Sie ist und vor allem, warum das so ist. Sobald Sie beim Lesen erkannt haben, was Ihnen fehlt, was in Ihr Leben passt oder was Sie gerne ausprobieren möchten, implementieren Sie das Gedankengut in Ihr alltägliches Leben. Die daraus entstehenden Resultate werden Sie überzeugen! Sie werden schnell erste Erfolge erleben und motiviert sein, weiterzumachen, alte Glaubenssätze zu hinterfragen, neue und positive Denkweisen zu etablieren und Ihr Leben in allen erdenklichen Bereichen zu genießen. Eine zwingende Voraussetzung hierfür ist, dass Sie das Buch nicht nur lesen, sondern auch damit arbeiten und das Gelesene wirklich umsetzen. Hierzu erfahren Sie später mehr.

Ich bin kein studierter Psychologe und habe auch nicht die Absicht, Sie von oben herab zu belehren. Sie erhalten hier keinen individuellen, auf Ihr Leben abgestimmten Plan zum Erfolg und Sie werden in diesem Buch auch keiner psychologischen Fachsprache begegnen. Ich sehe mich als Freund, der gemeinsam mit Ihnen, Seite an Seite, den Weg zu mehr Glück und Lebensqualität geht. Dabei biete ich Ihnen zahlreiche Denkanstöße, Wahrheiten und Methoden an, die sich für unzählige Menschen bewährt haben und weiterhin bewähren. Ich empfehle Ihnen das, was wirklich funktioniert und Sie haben die Möglichkeit, es selbst auszuprobieren.
Meine Erfahrung zeigt, dass freundschaftlicher Rat in der Praxis wertvoller sein kann als psychologische Tiefen-Analysen und ich freue mich über tausende Leser, die das bestätigen. Ich hoffe, dass auch Sie schon bald dazugehören werden.

Im Folgenden erwartet Sie ein Einführungskapitel, in dem Sie nützliche Tipps zur optimalen Nutzung des Buches finden. Je besser Sie mit dem Buch und den

Inhalten auf den folgenden Seiten arbeiten, desto größer werden Ihre persönlichen Erfolge sein.
Anschließend folgt der Hauptteil des Buches, in dem Sie die 50 Grundsätze des Glücks kennenlernen. Diese werden jeweils ausführlich behandelt und sind nach einer sinnvollen Reihenfolge geordnet. Ich empfehle Ihnen, die Kapitel in dieser Reihenfolge zu lesen, da sie alle aufeinander aufbauen, aber selbstverständlich können Sie auch erst ein wenig stöbern, um einen Überblick zu bekommen.
Im letzten Teil geht es darum, eine einfache Strategie zu entwickeln, mit der Sie das Gelesene zeitnah und wirksam in Ihr alltägliches Leben integrieren können, damit dieses Buch seinen vollen Nutzen für Sie entfaltet.
Zum Schluss erwartet Sie noch ein kleiner Bonus, der Sie für das aufmerksame Lesen und Ihr Vertrauen belohnt, bevor das Buch schließlich mit ein paar abschließenden Worten ausklingt.

Ich wünsche Ihnen viel Freude bei der Lektüre. Vor allem aber wünsche ich Ihnen, dass die Grundsätze des Glücks Sie dabei unterstützen, etwas Grundlegendes zum Positiven zu verändern.

Ihr Michael Leister

Hilfreiche Tipps zur erfolgreichen Anwendung des Buches

In jedem meiner umfangreicheren Bücher finden Sie ein Einführungskapitel wie dieses. Das hat den einfachen Grund, dass es meiner Meinung nach zu einem guten Buch dazugehört, sich kurz, aber effektiv auf das Lesen vorzubereiten. Dies hier ist kein leichter Roman, den Sie als kurzweiligen Zeitvertreib lesen, sondern Sie lesen diese Zeilen aus einem bestimmten Grund: Sie möchten in Ihrem Leben etwas zum Positiven verändern und ich versichere Ihnen, dass dieses Buch Ihnen dabei helfen wird. Die einzige Voraussetzung dafür ist, dass Sie bereit sind, die folgenden Seiten nicht nur zu lesen, sondern sie auch zu verinnerlichen und das Gelesene tatsächlich in Ihr alltägliches Leben zu übertragen. Sie investieren Ihre Zeit und Aufmerksamkeit in dieses Buch und das soll sich für Sie lohnen. Damit Ihre Ressourcen gut angelegt sind, möchte ich Sie gerne vor dem größten Missverständnis warnen, dem sehr viele Leserinnen und Leser erliegen:

Ein Buch und seine positiven Gedanken können Ihnen umfangreiches Wissen, neue Sichtweisen und viel Motivation vermitteln, aber es liegt letztendlich an Ihnen, all das in Ihr Leben zu bringen. Viele

Menschen haben eine zu hohe Erwartungshaltung an Bücher und andere Informationsquellen. Sie lesen zahlreiche Ratgeber, manchmal sogar in einem regelrechten Lesemarathon, und warten darauf, dass sich ihr Leben nun von alleine zum Positiven entwickelt. Schließlich, so glauben sie, haben sie sich gerade Unmengen an wertvollem Wissen einverleibt und dieses soll nun arbeiten. Die Realität sieht jedoch anders aus. Positive und gewinnbringende Gedanken sind zwar eine Grundvoraussetzung für Erfolg, aber nicht die einzige. Das eigene Handeln ist eine zwingende Notwendigkeit, um Veränderungen herbeizuführen. Sie können sich einen Ort so detailliert vorstellen wie Sie möchten, aber am Ende werden Sie nur dorthin gelangen, wenn Sie sich tatsächlich auf den Weg machen. Im Klartext heißt das: Sie werden in diesem Buch viele nützliche und wertvolle Informationen finden, aber mehr Glück, Zufriedenheit, Selbstbewusstsein und Erfolg erfahren Sie erst dann, wenn Sie diese Informationen praktisch nutzen.

Sie sollen und dürfen Erwartungen an dieses Buch haben. Es ist Ihr gutes Recht, qualitative Inhalte zu bekommen und ich habe keine Mühe gescheut, um diesem Anspruch gerecht zu werden. Es wäre jedoch unrealistisch, von einem Buch zu erwarten, dass es im Alleingang etwas verändern kann, da es aufmerksam gelesen wurde. Sie sind die entscheidende Schlüsselfigur in Ihrem Leben und entsprechend haben auch nur Sie die Möglichkeit, grundlegende Änderungen vorzunehmen. Wo wir schon bei Ihnen als zentrale

Figur sind, sollten wir auch Ihre Individualität beleuchten:

Sie sind, so wie jeder andere Mensch auch, einzigartig. Jeder hat seine eigenen Vorstellungen von Glück, Erfolg und Lebensqualität. Aus diesem Grund ist es nicht möglich, eine fertige Anleitung zu schreiben, die jeden Menschen auf dem gleichen Weg zu diesen erstrebenswerten Zielen führt. Dieses Buch versteht sich nicht als universeller Bauplan, sondern als Auflistung von Perspektiven und Möglichkeiten. Sie erhalten auf den folgenden Seiten zahlreiche Denkanstöße, Vorschläge und Erklärungen, aus denen Sie sich das heraussuchen können, was für Sie am besten funktioniert. Seien Sie offen für Neues und probieren Sie Vieles aus. Nur durch Ausprobieren finden Sie heraus, was für Sie funktioniert und was nicht. Dass Sie diese Zeilen lesen, bedeutet, dass Sie Verbesserungspotenzial in Ihrer Lebensqualität sehen. Logischerweise liegt die Lösung zu mehr Glück also in Dingen, die Sie noch nicht ausprobiert haben, bzw. in der Kombination aus Bekanntem und Neuem. Jede neue Erfahrung bedeutet eine Weiterentwicklung und darin liegt der Schlüssel zum Erfolg. Bei tatsächlicher Anwendung des Gelesenen werden Sie in wenigen Wochen um einige Erfahrungen reicher sein und Sie werden in der Lage sein, dieses neue Wissen gewinnbringend anzuwenden und mit bereits bekannten und bewährten Glaubenssätzen zu kombinieren. Im Endeffekt stellen Sie sich Ihren idealen Plan also selbst zusammen. Dieses Buch liefert Ihnen die dazu nötigen Werkzeuge und Hilfsmittel.

Während Sie durch die verschiedenen Kapitel fortschreiten, werden Sie vielleicht hin und wieder das Gefühl bekommen, etwas zum wiederholten Mal zu lesen. Das ist vollkommen richtig und gut so, und zwar aus drei Gründen: Erstens beweisen Sie sich auf diese Weise, dass Sie dem Inhalt aufmerksam folgen und das Gelesene verinnerlichen. Zweitens, weil es gewisse Wahrheiten und Tatsachen gibt, die so wichtig sind, dass sie mehr als nur eine Erwähnung verdienen. Drittens, weil alle Themen rund um mehr Glück und Lebensqualität in einer direkten oder indirekten Wechselwirkung zueinander stehen. Alle 50 Grundsätze des Glücks behandeln verschiedene Themen, haben im Grunde aber dennoch denselben Hintergrund. Die persönliche Entwicklung und die gesamte Thematik des Glücklichseins sind ein großer Bereich, der viele verschiedene Aspekte umfasst. Insgesamt geht es darum, sein Leben in vollen Zügen zu genießen, mit sich und seiner Umwelt im Reinen zu sein und das Beste aus dem Alltag zu machen. Deshalb gibt es immer wieder Stellen, an denen die verschiedenen Themen und Aspekte sich überschneiden. Je weiter Sie in diesem Buch fortschreiten, desto klarer werden Sie die zahlreichen Zusammenhänge erkennen.

Meine Erfahrungen als Buchautor und Blogger zeigen, dass sich mit einem Buch bessere Resultate erzielen lassen, wenn man es in Etappen liest und sich dabei Notizen macht. Dies ist kein Thriller, den Sie schnellstmöglich bis zum Ende verfolgen müssen, um das Geheimnis hinter der Erzählung zu erfahren. Hier geht es um Informationen, die das Potenzial bergen, Ihr Leben und das Ihrer Mitmenschen nachhaltig zu verändern. Diese Informationen wollen Stück für Stück verarbeitet werden. Wenn Ihnen ein Abschnitt besonders gut gefallen hat, dann legen Sie das Buch ruhig für einen Moment beiseite und machen Sie sich Gedanken darüber. Fragen Sie sich, inwieweit das Gelesene mit Ihren bisherigen Ansichten und Erfahrungen übereinstimmt und überlegen Sie sich, wie Sie es gewinnbringend in Ihrem Alltag nutzen können. Schmieden Sie Pläne und notieren Sie sich diese! Auch, wenn Sie ein gutes Gedächtnis haben, wird es Ihnen schwerfallen, sich alle Ideen und Eindrücke zu merken, vor allem, da Sie auf jeder Seite neuen Anregungen begegnen. Ich selbst habe mich eine lange Zeit dagegen gewehrt, mir beim Lesen eines Buches Notizen zu machen. Doch seitdem ich erfahren habe und weiß, wie wirksam es sein kann, Erkenntnisse schriftlich festzuhalten, würde ich einen Ratgeber oder ein Fachbuch nie wieder ohne Notizblock und Stift anlesen.

Wichtige Stellen zu markieren und eigene Eindrücke handschriftlich zu notieren, hilft Ihnen nicht nur dabei, die Informationen zu verinnerlichen, sondern ist auch unschätzbar wertvoll, wenn es darum geht, das Gelesene nach dem Hauptteil auszuwerten. Nach den 50 Grundsätzen des Glücks werden wir gemeinsam eine Strategie entwickeln, mit der es Ihnen leichtfallen wird, das Gelesene in Taten umzusetzen und schnellere Erfolge zu erzielen. Wenn Sie an diesem Punkt Ihre eigenen Aufzeichnungen zu Rate ziehen können, haben Sie einen großen Vorteil. Weiterhin werden Sie in einigen Wochen auf Ihre Notizen zurückblicken können und anhand dessen besser erkennen, welche Veränderungen bereits eingetreten sind. So werden Sie sich mehr über die positiven Resultate freuen und gleichzeitig auch sehen können, an welchen Stellen es noch Verbesserungspotenzial gibt.

Sie würden vermutlich keinen intensiven Sport machen, ohne sich vorher ausreichend aufzuwärmen. Genauso sollten Sie sich auf ein Buch vorbereiten, wenn Sie wirklich vorhaben, den größten Mehrwert daraus zu gewinnen. Deshalb gibt es dieses Kapitel. Seien Sie aufgeschlossen, ehrlich zu sich selbst und stets positiv. Das Leben ist schön und es steckt voller Überraschungen. Seien Sie bereit dazu, Ihren positiven Gedanken entsprechend zu handeln und möglichst viele positive Überraschungen zu erleben. Dann wird dieses Buch Ihnen dabei helfen, wahre Wunder zu bewirken.

Die 50 Grundsätze des Glücks

1)
Unsere kostbarste Ressource

Zu Beginn ist es sinnvoll, sich mit einer der wichtigsten Grundlagen für unsere Lebensqualität vertraut zu machen. Wenn Sie andere Menschen fragen, welche Ressource unsere wertvollste ist, werden Sie vermutlich häufig Antworten erhalten, die sich um Materielles drehen. Die meisten werden vermutlich sagen, es sei Geld, da man sich damit schließlich beinahe alles kaufen kann, was die Welt zu bieten hat. Von einem logischen Standpunkt aus betrachtet, kann dies jedoch nicht wahr sein. Unsere kostbarste Ressource ist die Zeit. Wir können für Geld und alle möglichen materiellen Besitztümer arbeiten. Wir können von heute auf morgen vermögend oder pleite sein, aber an der uns zur Verfügung stehenden Menge an Zeit können wir nichts ändern. Unsere Zeit ist begrenzt und läuft unaufhörlich ab. Sie ist einmalig und bleibt niemals stehen. Die Erkenntnis, dass jede einzelne Sekunde einzigartig ist, da sie vergeht und nie wieder zurückkehren wird, ist einer der Schlüssel zum persönlichen Glück. Es ist diese Erkenntnis, die uns Wertschätzung für unser Dasein und unsere Lebenszeit empfinden lässt und die uns davon abhält, unsere Zeit in Sinnloses zu investieren.

Man sollte sich durch den Gedanken an die Vergänglichkeit niemals gehetzt fühlen. Man sollte sein Leben nicht als ablaufenden Countdown betrachten, dem man machtlos zusehen muss. Stattdessen sollte man realistisch erkennen, dass die Zeit zu den wenigen Dingen im Leben gehört, die tatsächlich außerhalb unseres Einflussbereichs liegen. Wir können nichts an der Tatsache ändern, dass wir die Zeit nicht beeinflussen können und aus diesem Grund sollten wir das Beste aus ihr machen. Es gibt nur wenige Menschen, die am Ende ihres Lebens zurückblicken und reinen Gewissens sagen können, dass sie ihre Zeit immer sinnvoll und gewinnbringend genutzt haben. Viele Menschen, die im Sterben liegen, bereuen, sich an Nichtigkeiten oder negativen Mitmenschen aufgehalten zu haben. Sie bereuen, ihre Wünsche nicht erfüllt und ihr Leben nicht vollkommen nach ihren eigenen Vorstellungen gelebt zu haben. Wir können von diesen Einsichten profitieren und uns davor schützen, eines Tages dieselbe Reue zu empfinden, indem wir es besser machen.

Wenn Sie heute erfahren würden, dass Sie nur noch einen Tag zum Leben hätten, was würden Sie dann aus Ihrer verbleibenden Zeit machen wollen? Könnten Sie sich mit dem Gedanken an das Ende Ihrer Zeit abfinden oder würden Sie plötzlich das Gefühl haben, zu Vieles noch nicht getan zu haben? Würden Sie sich nicht plötzlich danach sehnen, mit Menschen zu sprechen, die Sie lange nicht gesehen haben? Würden Sie nicht plötzlich Reisen unternehmen und verschiedene Orte sehen wollen? Gäbe es nicht unzählig viele lustige und unterhaltsame Dinge, die Sie noch erleben wollen würden? Die Realität ist, dass jeder Tag unser letzter sein könnte. Es gibt so viele verschiedene Faktoren, die unsere verbleibende Zeit drastisch verkürzen können: Unfälle, Katastrophen, Krankheiten, usw. Das ist kein Gedanke, der Sie ängstigen soll, ganz im Gegenteil. Erkennen Sie, wie viele unerledigte Dinge es in Ihrem Leben gibt, denen Sie sich noch gerne widmen würden. Was hält Sie davon ab, sie einfach zu tun? Was hält Sie davon ab, Neues zu erleben, die Menschen aufzusuchen, die Sie vermissen und die Orte zu sehen, die Sie sich sonst auf schönen Postern und Postkarten anschauen? Verschwenden Sie nicht Ihre Zeit, indem Sie auf »den richtigen Moment« warten. Der richtige Moment ist immer jetzt, denn jetzt ist der wichtigste Moment.

Die Zeit ist ein sich bewegender Fluss, hinter der eine unüberwindbare Kraft steht. Wir können sie nicht anhalten und genauso wenig verlangsamen oder beschleunigen. Wir können die Zeit nicht überspringen und wir können nicht in die Zukunft sehen. Im Grunde genommen können wir nur eines mit der Zeit machen: Wir können sie jetzt, in diesem Moment, erleben. Das Hängen an der Vergangenheit und der zu fixierte Blick in die Zukunft gehören zu den größten Ursachen für Unzufriedenheit und Erfolglosigkeit. Viele Menschen können vergangene Ereignisse oder getroffene Entscheidungen nicht loslassen und schauen deshalb ständig zurück. Stellen Sie sich bildlich vor, dass Sie auf einem Weg geradeaus laufen, aber dabei immer nach hinten blicken. Sie verpassen alles, was um Sie herum geschieht und irren ziellos umher. Durch die Fixierung auf das, was Sie bereits gesehen haben, aber nicht mehr erreichen können, entgeht Ihnen alles, was aktuell um Sie herum passiert und Ihrer vollen Aufmerksamkeit bedarf. Genauso verhält es sich, wenn Sie ständig mit einem Fernrohr Ausschau in die Weite halten und dadurch nicht mitbekommen, was sich direkt vor Ihnen abspielt. Der Blick durch das Fernrohr kann Ihnen ohnehin nicht verraten, was auf Sie zukommt. Sie werden es erst erleben müssen, um die Erfahrung zu machen.

Wenn Sie verstehen und akzeptieren, dass genau jetzt der wichtigste Moment Ihrer Existenz ist, wird sich Vieles in Ihrem Leben vereinfachen. Sie begreifen, dass die Vergangenheit Sie nicht mehr einholen kann und auch von Ihnen nicht mehr erreicht werden wird. So schließen Sie besser mit Geschehenem ab. Genauso wissen Sie, dass Ihre Chancen für die Zukunft dann am besten sind, wenn Sie aufmerksam durch das Jetzt schreiten, Ihre Wege sorgsam wählen und sich somit optimal auf das vorbereiten, was noch vor Ihnen liegt.

Der Begriff, seine Zeit »sinnvoll« zu verbringen, löst im ersten Moment immer die Assoziation aus, eine Effizienz-Maschine sein zu müssen, die nur arbeitet und Gewinne hervorbringt. So sollten Sie das Ganze lieber nicht sehen. Von einem logischen Standpunkt aus betrachtet, verbringen Sie Ihre Zeit immer dann am sinnvollsten, wenn Sie Spaß haben und etwas tun, das Sie und Ihre Mitmenschen glücklich macht oder Sie persönlich weiterbringt. Legen Sie kurz das Buch beiseite und denken Sie darüber nach, wie Sie Ihre Zeit im Alltag einteilen. Womit verbringen Sie die Stunden eines durchschnittlichen Tages? Nehmen Sie sich ruhig etwas Zeit, um einen ehrlichen und realistischen Überblick zu bekommen. Fragen Sie sich nun, ob Sie Ihre Tage genauso einteilen würden, wenn Sie wüssten, dass Ihnen nicht mehr viel Zeit zum Leben bleibt. Was würden Sie ändern? Würden Sie noch fernsehen oder könnten Sie sich vorstellen, sich hin und wieder zu langweilen und nichts zu tun? Vermutlich nicht. Wieso bauen Sie nicht einfach ein paar neue Aktivitäten in Ihren Alltag ein, die Ihnen Spaß machen und Ihre Weiterentwicklung fördern? Spielen Sie ein Instrument, probieren Sie eine neue Sportart aus oder pflegen Sie ein neues Hobby! Verbringen Sie mehr Zeit mit Freunden und Familie. All diese Dinge führen mit sofortiger Wirkung zu mehr Glück, Zufriedenheit und Selbstbewusstsein. Entdecken Sie die »Zeitfresser« in Ihrem Alltag und eliminieren Sie sie. Sie denken sich nun vielleicht, dass das Ganze leichter gesagt als getan ist. Doch was hindert Sie daran, etwas zu verändern? Keine Zeit zu haben, ist unmöglich. Es gibt immer eine Möglichkeit, seine Prioritäten neu zu setzen. Es kann durchaus unterhaltsam sein, hin und wieder einen Film zu schauen, keine Frage. Doch haben Sie schon einmal darüber nachgedacht, wie viel Zeit ein Fernseher in Anspruch nimmt? Laut einer Studie der Bundeszentrale für politische Bildung (von 2014) schaut der deutsche Bürger im Durchschnitt 4 Stunden Fernsehen pro Tag! Alleine, wenn man diese Fernsehzeit reduziert, ent-

stehen plötzlich riesige Freiräume, die man mit schönen und bereichernden Aktivitäten füllen kann.
Am Ende liegt es ganz bei Ihnen, wie Sie Ihre Zeit verbringen. Wenn Sie jedoch dauerhaft glücklich und erfüllt sein wollen, müssen Sie lernen, Ihre Zeit gewinnbringend zu nutzen und sich somit zum besten Menschen zu entwickeln, der Sie sein können. Sobald Sie Aktivitäten gefunden haben, die Ihnen und Ihren liebsten Mitmenschen wahre Freude bereiten, werden Sie sich wünschen, Sie hätten schon viel früher damit begonnen.

Es geht nicht immer nur darum, seine Zeit sinnvoll einzusetzen, sondern manchmal auch darum, sie zu schützen. Es gibt Menschen, die Ihr Dasein bereichern und mit denen Sie gerne Ihre Zeit teilen. Es gibt jedoch auch Menschen, die Sie Zeit kosten und für Unruhe in Ihrem Leben sorgen. Sie kennen das: Auf der Arbeit streiten Sie sich mit Kollegen oder Sie geraten beim Einkaufen oder im Straßenverkehr mit Fremden aneinander und diskutieren mit ihnen. Aber auch in Freundschaften oder Partnerschaften kann es vorkommen, dass man ganz genau weiß, dass man einander nur Zeit stiehlt und dass das Beisammensein ziellos ist. Aus Angst davor, Konsequenzen zu ziehen, hält man an dieser sozialen Bindung fest, während man sich eigentlich wünscht, dies nicht zu tun. Denken Sie in solchen Fällen immer daran, dass Ihre Zeit eine nicht wiederherstellbare Ressource ist. Sie will mit den Menschen geteilt werden, die Ihnen wirklich wichtig sind und für die Sie unentbehrlich sind. Vergeuden Sie Ihre kostbare Zeit nicht mit Menschen, die Ihnen nichts Gutes tun wollen und die Sie nicht unterstützen. Wenn Sie an einem Menschen zweifeln, dann fragen Sie sich, welche Relevanz er am Ende Ihres Lebens haben könnte. Die Menschen, die Sie mögen, akzeptieren, respektieren und Sie auf Ihrem Weg zu mehr Glück und Lebensqualität unterstützen, sind die, die Ihre Zeit und Aufmerksamkeit verdienen. Wer Sie herunterzieht, beleidigt oder einfach nicht in Ihr Leben passt, sollte nicht mit der wertvollen Zeit belohnt werden, die eigentlich Ihnen und Ihren Liebsten zusteht.

Zusammenfassend möchte ich noch einmal betonen, dass es nicht hilfreich ist, sich durch die Vergänglichkeit gehetzt zu fühlen. Ein gesundes Bewusstsein über den unaufhörlichen Lauf der Zeit hilft uns dabei, Wertschätzung für das Leben, unsere Mitmenschen und unsere alltäglichen Beschäftigungen zu entwickeln. Je mehr Zeit Sie für die Dinge einsetzen, die Ihnen Freude machen und Sie auf Ihrem Weg zu mehr Glück weiterbringen, desto mehr Lebensqualität werden Sie empfinden. Es lohnt sich!

2)
»Freizeit« engt uns ein

Finden Sie diese Überschrift verwirrend? Fragen Sie sich, wie Freizeit einengend sein kann? Wenn ja, dann möchte ich den Gedanken dahinter schnell auflösen, bevor es zu Missverständnissen kommt: Das, was uns in Wirklichkeit einengt, ist der Gedanke, dass es »Freizeit« gibt und Zeit, in der wir nicht frei sind. Mit Sicherheit kennen Sie den berühmten Begriff: »Work-Life-Balance«. Er impliziert, dass es uns gelingen soll, die richtige Balance zwischen unserer Arbeit (»Work«) und unserem Leben (»Life«) zu finden. Auch, wenn die Absicht dahinter zweifelsohne positiv ist, sind die Konsequenzen fatal. Durch die Einteilung in »Arbeit« und »Leben« entsteht der Eindruck, dass wir nicht frei sind oder leben, wenn wir arbeiten und dass Freizeit oder das Leben etwas ist, was wir uns erst durch Arbeit verdienen müssen.

Wie ich bereits im Vorwort erwähnt habe, schreibe ich nicht nur Bücher, sondern pflege auch einen Blog, auf dem wöchentlich neue Artikel erscheinen. Im Rahmen dessen erhalte ich zahlreiche Lesermails, in denen die Leserinnen und Leser sich über die von mir angesprochenen Themen äußern. Dabei ist mir im Laufe der letzten zwei Jahre aufgefallen, dass die »Work-Life-Balance« sehr häufig ein Problemthema darstellt. Die Leserinnen und Leser beklagen sich darüber, dass sie sehr gerne die positiven Anregungen aus den Blogartikeln in Ihr Leben bringen würden, aber dass ihnen dazu einfach die Zeit fehle. Es fallen Äußerungen wie: »Wenn ich dann mal etwas Freizeit habe, muss ich sie nutzen, um mich von der harten Arbeit auszuruhen. Oder ich muss meine Freizeit opfern, um mich um die Familie zu kümmern.«

Die meisten Menschen glauben wirklich, Freizeit sei etwas sehr Begrenztes, das man sich erarbeiten muss. Man kann es ihnen nicht verübeln, wenn man bedenkt, wie wenig »freie« Zeit man hat, wenn man sein Leben in »Arbeit« und »Leben« unterteilt. Dies möchte ich mithilfe eines Beispiels verdeutlichen:

Aus medizinischer Sicht ist es ratsam, etwa 8 Stunden pro Tag zu schlafen. Zusätzlich arbeiten Sie an einem normalen Arbeitstag 8 Stunden lang. Sie stehen zeitig vor der Arbeit auf, duschen, frühstücken, bereiten all Ihre Verpflichtungen vor und machen sich natürlich noch auf den Weg zu Ihrer Arbeitsstelle. Inklusive des Rückwegs von der Arbeit kostet Sie das Ganze insgesamt etwa zwei weitere Stunden. Nun sind schon 18 Stunden des Tages verbraucht und Sie haben sich noch nicht um Ihre Mitmenschen gekümmert, denen gegenüber Sie eine Verpflichtung haben. Sie haben noch nicht eingekauft, sich noch nicht um den Haushalt gekümmert und auch noch keine Termine wahrgenommen, die außerhalb der Arbeit anfallen. Sie haben sich noch nicht einmal eine warme Mahlzeit gekocht und doch ist schon die meiste Zeit des Tages abgelaufen. Was übrig bleibt, ist die berühmte »Freizeit«. Wenn alles gut geht, haben Sie täglich etwa 4 Stunden Freizeit. Das ist ein Fünftel Ihres Tages. Man könnte, dieser Rechnung zufolge, also behaupten, dass Ihr Leben nur zu 20 Prozent aus »Leben« besteht. Kein Wunder, dass das Prinzip der »Work-Life-Balance« zu massiver Unzufriedenheit führt und zahlreiche Menschen frustriert, nicht wahr?

Für seinen Lebensunterhalt zu arbeiten, ist ein fester Bestandteil des Lebens in dem gesellschaftlichen System, in dem wir leben. Es ist schwierig, ja sogar beinahe unmöglich, an diesem Prinzip etwas zu ändern. Aber wieso sollten Sie sich auch diese Mühe machen? Sie müssen nicht das System ändern, sondern können ganz einfach einen Wechsel Ihres Blickwinkels vornehmen.

Zuerst einmal sollten wir festhalten, dass wir immer leben. Immer! Es ist Unsinn, das Leben in »Arbeit« und »Leben« einzuteilen. Denn auch, wenn Sie gerade bei der Arbeit sind, leben Sie. Wenn Sie im Supermarkt durch die Gänge spazieren, leben Sie. Und wenn Sie in Ihrem Bett liegen und das Land der Träume erkunden, leben Sie auch. Sie leben 24 Stunden am Tag! Weiterhin sollten Sie in Erwägung ziehen, den Begriff »Freizeit«, Ihrer Lebensqualität zuliebe, aus Ihrem Wortschatz zu streichen. Sie sind immer frei. Dies ist eines der größten Privilegien Ihres Lebens, das Sie sich niemals nehmen lassen sollten.

Nicht einmal durch eine unbedachte, rein fiktive Aufteilung Ihrer Zeit in freie und nicht freie Zeit.
Ohne irgendetwas schönzureden, können wir also logisch und realistisch festhalten, dass Sie immer leben und immer frei sind.

Das ändert natürlich nichts an der Tatsache, dass Sie dennoch einen großen Teil Ihrer Zeit damit verbringen, zu arbeiten. Im nächsten Kapitel werden Sie jedoch erfahren, dass das gut so ist und zu Ihrem persönlichen Glück beiträgt. All Ihre alltäglichen Handlungen dienen einem bestimmten Zweck und sind sinnvoll. Ob Sie nun einkaufen gehen, Aufgaben im Haushalt erledigen oder sich um Ihre Familie kümmern. All das ist tatsächliche und wortwörtliche Freizeit, in der Sie Dinge tun, die dem Erhalt Ihrer Zufriedenheit und Ihres Lebensstandards dienen.

Eine »Balance« finden zu müssen, setzt voraus, dass man sich in einem Ungleichgewicht befindet. Das tun Sie jedoch nicht. Zumindest nicht, was Ihre »Freizeit« betrifft. Sie haben täglich 24 Stunden Freizeit und können sie frei nach Ihrem Belieben gestalten. Sie haben immer alle Möglichkeiten und können jedes Paradigma Ihres alltäglichen Lebens beeinflussen oder verändern. Es ist alles immer nur eine Frage Ihrer Bereitschaft, Konsequenz, Kreativität und natürlich Ihres Fleißes. Wenn Sie mehr Zeit haben möchten, um sich gewissen Hobbies oder spaßigen Aktivitäten zu widmen, können Sie Ihre Zeiteinteilung einfach neugestalten, wie wir bereits im vorherigen Kapitel besprochen haben.

Nicht jede Veränderung ist leicht, aber jede ist möglich! Sich klarzumachen, dass man immer frei ist und immer lebt, bedeutet nicht, dass man sich etwas schönredet, um belastende Tatsachen erträglicher darzustellen. Ganz im Gegenteil! Man lernt, die Dinge des Lebens zu verstehen, die nun einmal erledigt werden müssen. Vor allem lernt man, sich nicht resignierend damit abzufinden, sondern den guten Sinn dahinter zu erkennen und sich dabei wohl zu fühlen.

Wir können festhalten, dass Sie immer über Freizeit verfügen. Nur dann, wenn »Freizeit« als Begriff für eine andere Zeit als die immer freie Zeit benutzt wird, engen Sie sich ein. Es ist eine künstliche Einengung, die dann entsteht, wenn wir die Illusion erschaffen, unsere Lebenszeit ließe sich in verschiedene Kategorien einteilen. Lebenszeit ist immer unendlich kostbar und immer gleich viel wert. Dieser Tatsache sollten Sie sich stets bewusst sein. Nun werden wir uns ansehen, weshalb Ihre Zeit auch bei Ihrer täglichen Arbeit sinnvoll und gewinnbringend investiert ist.

3)
Der Beitrag zum großen Ganzen

Auch, wenn wir immer frei sind und, wie wir vorhin festgestellt haben, immer über das verfügen, was wir »Freizeit« nennen, haben wir häufig das Gefühl, durch unsere tägliche Arbeit eingeschränkt oder sogar gefangen zu sein. Viele Menschen sind unzufrieden mit ihrer Arbeit und haben den Eindruck, ihre Zeit dabei zu verschwenden oder sie zumindest nicht optimal zu nutzen. Vielleicht kennen Sie das. Vielleicht sind Sie hin und wieder auch unzufrieden damit, dass Sie jeden Tag einen Teil Ihrer kostbaren Lebenszeit investieren, um Ihren Lebensunterhalt zu verdienen. Wenn das der Fall ist, werden Sie mithilfe dieses Kapitels erkennen, dass es alles seine Richtigkeit hat und dass Sie nicht unzufrieden sein müssen, sondern sogar allen Grund zur Zufriedenheit haben.

Sie kennen das: Ihr Wecker klingelt in der Früh und reißt Sie jäh aus einem Traum. Sie sind vollkommen müde, realisieren aber, dass es keinen Spielraum mehr zum Weiterschlafen gibt. Die Arbeit ruft! Schlaftrunken stehen Sie auf, um sich zu waschen, anzuziehen und etwas zu frühstücken. Anschließend machen Sie sich auf den Weg zur Arbeit, wo Sie Herausforderungen erwarten, von denen Sie zu diesem Zeitpunkt vielleicht noch gar nichts wissen. Sie verbringen dort einen großen Teil Ihres Tages und wenn Sie nach Hause kommen, sind Sie erschöpft. Sie machen das Ganze nicht sonderlich gerne, aber Sie müssen, um Geld zu verdienen und somit Ihr Überleben zu sichern. So oder so ähnlich sehen die meisten Menschen ihren Arbeitsalltag. Als eine unangenehme Pflicht, der sie sich nicht entziehen können. Und natürlich ist es nicht verwunderlich, dass sich auf lange Sicht eine große Unzufriedenheit einstellt, wenn man täglich etwas tut, von dem man überzeugt ist, dass es ein unangenehmer Zwang ist. Doch was ist, wenn ich Ihnen sage, dass Sie die Unzufriedenheit durch eine bloße Anpassung des Blickwinkels in Zufriedenheit und Ausgeglichenheit verwandeln können? Es ist möglich und wir werden uns nun gemeinsam anschauen, wie!

Zuerst einmal sei gesagt, dass sich nichts an der Tatsache ändern lässt, dass Sie arbeiten gehen müssen, um Geld zu verdienen. In unserer heutigen Gesellschaft ist es nun mal nicht so, dass wir alle auf unserem eigenen Grundstück leben, unsere eigenen Lebensmittel anbauen und eine eigene Viehzucht haben. Das System erweckt die Notwendigkeit, Geld zu verdienen. Natürlich können Sie Ihren Beruf wechseln, sich selbstständig machen oder ein sogenanntes »Lifestyle Business« aufbauen. Darum geht es hier aber nicht. Der Titel dieses Buches lautet schließlich nicht »Durchbrechen Sie das Hamsterrad«, sondern

»Die Grundsätze des Glücks«. Wir möchten mit einfachen und vorhandenen Mitteln dafür sorgen, dass bestehende Umstände positiv aufgenommen und neu wertgeschätzt werden.

Wer von sich behauptet, seinen Job ausschließlich für das Geld zu machen, verkauft sich automatisch unter Wert. Es ist nicht gerade vorteilhaft, seine kostbare Lebenszeit und Arbeitsleistung gegen einen geringen Stundenlohn einzutauschen. Kein Arbeitgeber könnte Ihre Zeit angemessen bezahlen, denn sie ist unschätzbar wertvoll. Erinnern Sie sich daran: Geld kann wiederhergestellt werden, Zeit jedoch nicht. Aus diesem Grund ist Zeit immer wertvoller als Geld. Bei Ihrer Arbeit muss also mehr als bloßes Geld für Sie herausspringen. Etwas Anderes, das rechtfertigt, dass Sie Ihre wertvolle Zeit in Ihre Tätigkeit investieren. Und tatsächlich bekommen Sie genau das: Einen echten Mehrwert. Denn Ihre Arbeit, egal welcher Tätigkeit Sie nachgehen, erfüllt einen tieferen Sinn und trägt dazu bei, dass das große Ganze (das »System«) funktioniert. Unsere moderne Gesellschaft ist abhängig davon, dass jeder eine bestimmte Aufgabe übernimmt. Und genau das tun Sie.

Das »System« ist mit Sicherheit nicht perfekt und kann aus vielen Gründen hinterfragt werden, aber das ändert alles nichts an der Tatsache, dass es sich vorerst nicht ändern wird. Also ist es unsere Aufgabe, das Beste daraus zu machen. Legen Sie das Buch kurz beiseite und denken Sie an Ihren Job. Welcher ist es? Was machen Sie beruflich? Denken Sie darüber nach, welchen tieferen Sinn Ihr Job erfüllt. Viele Menschen glauben, man könne nur einen sinnvollen und wertvollen Beruf ausüben, wenn man viele Jahre lang studiert oder einige Berufsausbildungen abgeschlossen hat. Das stimmt jedoch nicht. Jeder, ausnahmslos jeder Beruf hat seine ganz eigene Wichtigkeit und einen tieferen Sinn. Es haben sich schon einige Menschen bei mir darüber beschwert, ihre Jobs seien unwichtig und lächerlich. Das kann ich jedoch nicht bestätigen. Ob man nun in einem Supermarkt arbeitet oder eine eigene Arztpraxis leitet: Man unterstützt die Gesellschaft mit seiner Leistung. Die Bezahlung, die man dafür erhält, ist eine Entlohnung, die gewährleistet, dass man seinen Lebensunterhalt finanziert. Sie ist jedoch nicht der volle Lohn, den man erhält. Der eigentliche Lohn ist es, eine Aufgabe zu erfüllen und seinen Beitrag zu leisten.

Ein Essenslieferant bringt Menschen ihr Mittag- oder Abendessen, wenn sie zu krank, müde oder erschöpft sind, um sich selbst etwas zuzubereiten. Ein Lastwagenfahrer ist ein zentraler Bestandteil des weltweiten Logistiksystems. Eine Pflegekraft hilft Menschen, die aufgrund ihres gesundheitlichen Zustands nicht in der Lage sind, sich selbst zu versorgen. Ein Mitarbeiter der Stadtwerke sorgt gewissenhaft dafür, dass die Straßen unserer Städte sauber bleiben. Ein Anwalt setzt sich für unsere Rechte ein und unterstützt uns in schwierigen Zeiten. Ich könnte diese Aufzählung noch ewig weiterführen. Wie Sie sehen, ist wirklich jede Arbeit wichtig.

Arbeiten zu gehen, ist viel mehr als nur das bloße Erfüllen einer Pflicht, damit am Ende des Monats eine Zahlung auf dem Bankkonto eingeht. Es bedeutet, eine Aufgabe zu haben und einen wichtigen Beitrag zu leisten. Arbeitslose Menschen haben häufig das Gefühl, nutzlos zu sein und werden depressiv. Das liegt daran, dass sie nicht dazu beitragen können, das gesellschaftliche System zu tragen und zu unterstützen. Egal, wie anstrengend Ihre Arbeit auch sein mag: Sie ist ihre Mühe wert!

Wir haben hier in Europa das große Privileg, uns unsere Arbeit aussuchen zu können. Weiterhin gewährleistet eine Arbeitsstelle, dass wir mindestens genügend Geld verdienen, um uns ein modernes Zuhause leisten zu können und keinen Hunger leiden zu müssen. Das ist, vor allem mit Blick auf den Rest der Welt, keine Selbstverständlichkeit. Wie viel Geld Sie letztendlich verdienen, hängt natürlich von der Art Ihrer Arbeit ab. Sie haben immer die Möglichkeit, sich zu steigern und nach mehr zu streben. Dazu sei jedoch gesagt, dass Geld nicht das Wichtigste im Leben ist. Entscheidend ist, dass auch normal bezahlte Jobs vollkommen ausreichen, um einen erfüllenden Lebensstandard zu gewährleisten.

Setzen Sie sich intensiv mit Ihrem Job auseinander und finden Sie heraus, aus welchen Gründen er gut und sinnvoll ist. Erkennen Sie, dass Sie nicht nur für Geld arbeiten, sondern vor allem auch, um eine Aufgabe zu erfüllen und einen Beitrag zu leisten. Versuchen Sie, sich vorzustellen, wie es wäre, wenn Sie plötzlich nicht mehr Ihrer Arbeit nachgehen könnten. Würden Sie sie nicht vermissen? Entwickeln Sie Wertschätzung für das, was Sie tun und Sie werden Ihre Arbeit nie wieder als Arbeit empfinden.

4)
Das Wochenende war nicht zu kurz

Lassen Sie mich Ihnen eine Kleinigkeit aus meinem Leben erzählen: Ich habe mich in frühen Jahren selbstständig gemacht und da ich keine finanziellen Reserven hatte und mein Unternehmen von Grund auf selbst aufbauen musste, bedeutete das für mich vor allem Eines: Viel Arbeit. Die meisten meiner Freunde gingen von montags bis freitags arbeiten und hatten dann ein »freies« Wochenende. Anschließend beschwerten sie sich darüber, das Wochenende sei viel zu kurz gewesen. Ich selbst kannte dieses Problem nicht, denn ein »Wochenende« gab es zu dieser Zeit nicht für mich. Ich hatte eine große Verantwortung und musste durchgehend arbeiten, um ihr gerecht zu werden. Ich dachte häufig daran, wie die anderen sich über ihr viel zu kurzes Wochenende beschwerten und konnte nur mit dem Kopf schütteln. Ich nahm mir vor, mir auch bald endlich freie Wochenenden einzurichten und diese dann in vollen Zügen zu genießen. In meinen Gedanken schmiedete ich ausführliche Pläne, die meine Freunde und Familie beinhalteten und lauter lustiger Unternehmungen, zu denen ich lange nicht gekommen war. Irgendwann war es schließlich soweit: Ich hatte endlich die nötige Zeit und Stabilität, um mir »freie« Wochenenden einzurichten. Und wie verbrachte ich das erste? Schlafend! Ich ruhte mich von den langen Strapazen aus, die hinter mir lagen und machte nicht eine einzige der Sachen aus meinen Plänen. Ich sagte mir, das sei eine einmalige Sache gewesen, da ich so lange keine Ruhephase gehabt hatte. Am nächsten Wochenende würde ich es besser machen. Doch ich tat es nicht und wie meine Kollegen auch, stellte ich am nächsten Montag verdutzt fest, dass das Wochenende tatsächlich viel zu kurz gewesen war. Doch wie konnte das sein? Obwohl die Ursache für diesen Effekt ziemlich simpel ist, habe ich lange gebraucht, um sie zu finden.

Im Grunde genommen hat die Sache etwas mit der Einteilung in »Freizeit« und »Arbeit« zu tun, mit der wir uns vorhin ausgiebig beschäftigt haben. Wenn wir davon ausgehen, dass die Arbeitswoche aus 5 langen Tagen besteht und mühsam bewältigt werden will, sind 2 Tage »Freizeit« verhältnismäßig sehr wenig. Da wir die Arbeitswoche als anstrengend und ermüdend bezeichnen, haben wir das Gefühl, uns am Wochenende ausruhen zu müssen. Die vorhandene Zeit reicht dafür gerade so aus. Bevor man daran denken kann, seine Zeit und Energie in eine aufregende Aktivität zu investieren, ist auch schon wieder Montag und der Alltagstrott beginnt aufs Neue.
Ohne Sie persönlich zu kennen, bin ich mir absolut sicher, dass Sie auch schon häufig die Feststellung machen mussten, ein viel zu kurzes Wochenende erlebt zu haben. Wir nutzen die arbeitsfreie Zeit, um uns von den Strapazen des Alltags zu erholen und

holen gerade genug Luft, um in der nächsten Woche wieder durchstarten zu können.

Ist das Ganze so richtig? Brauchen wir das Wochenende wirklich, um uns zu erholen? Ich sage: Nein! In Wirklichkeit ist es nicht die tägliche Arbeit, die wir als anstrengend empfinden, sondern die Woche an sich. Von der täglichen, körperlichen Arbeit erholen wir uns nach dem Feierabend. Am Wochenende erholen wir uns nur von der Illusion, eine lange und quälende Woche hinter uns zu haben. Lassen Sie mich Ihnen das erklären:

Wenn Sie montags die Zeitung aufschlagen, das Radio einschalten oder sich in sozialen Netzwerken wie Facebook einloggen, werden Sie von allen Seiten mit der Behauptung konfrontiert, der Montag sei ein furchtbarer Tag, der den Anfang der Woche markiert. Freitags ist dann wieder gute Stimmung, da der Feierabend das Ende der Woche markiert. Durch die mediale Allgegenwärtigkeit dieser (falschen) Information werden wir darauf konditioniert, dass der Montag ein schlechter und der Freitag ein guter Tag ist. Die logische Schlussfolgerung daraus ist, dass die Zeit zwischen Montag und Freitag, also die klassische Arbeitswoche, etwas Negatives ist. Daraus schlussfolgern wir dann unterbewusst, dass die Arbeitswoche im Allgemeinen etwas Schlechtes ist, wovon wir uns »erholen« müssen. Anstatt unser Wochenende glücklich und sinnvoll zu nutzen, haben wir schon wieder Angst vor dem nächsten Montag und reden uns ein, uns durch ausreichende Ruhe darauf vorbereiten zu müssen. Entsprechend nehmen wir das Wochenende kaum oder gar nicht wahr und finden uns plötzlich mitten im nächsten Montag wieder. Dort angekommen fragen wir uns dann, wie das Wochenende schon wieder so schnell vorübergehen konnte.

Ich weiß, dass dieser Gedanke schwierig nachzuvollziehen ist. Lesen Sie sich den Abschnitt ruhig noch einmal durch, denn die Erkenntnis dahinter kann Ihren Blick auf die klassische Arbeitswoche erheblich zum Positiven verändern.

Die einfache Zusammenfassung ist: Nicht die Arbeitswoche ermüdet uns, sondern die Illusion, dass sie etwas Schlechtes ist. In Wirklichkeit ist Zeit niemals besser oder schlechter. Sie ist immer kostbar.

Wenn Sie das vorherige Kapitel gelesen haben und beginnen, Ihre Arbeit als etwas Sinnvolles und Gewinnbringendes zu sehen, dann ist die Arbeitswoche keine Belastung mehr für Sie, sondern ein sinnvoller und unvermeidlicher Teil Ihres alltäglichen Lebens. Sobald Sie diese Sicht entwickelt und etabliert haben, ist die Arbeitswoche als solche (unabhängig von der eigentlichen Arbeit) kein schlimmer Zeitraum mehr für Sie. Wenn Sie die Zeit von Montag bis Freitag nicht als Strapaze empfinden, haben Sie auch nicht das Bedürfnis, sich am Wochenende zwanghaft ausruhen zu müssen und sich vor dem nächsten Montag zu fürchten. Sie verstehen, dass Sie an jedem Arbeitstag nach dem Feierabend Ihre Kräfte regenerieren und mit voller Energie in den nächsten Tag und schließlich in das nächste Wochenende starten können. Die Zeit, die Ihnen am Wochenende zur Verfügung steht, ist nicht »Freizeit«, sondern einfach Zeit, in der Sie nicht Ihrer Arbeit nachgehen und sich somit anderen Aktivitäten widmen können. Übrigens finden der Gedanke und das Prinzip dahinter natürlich auch Anwendung, wenn Sie am Wochenende arbeiten gehen und an Wochentagen »frei« haben.

Am Ende ist die Wahrnehmung des Wochenendes eine reine Einstellungssache. Sie ändern nichts an den Tatsachen, sondern nur an Ihrer Perspektive und plötzlich gewinnen Sie viel mehr Zeit für Erfreuliches und Ihre Mitmenschen, sowie mehr Energie und Zufriedenheit. Ich selbst habe lange gebraucht, um diese Erkenntnis zu erlangen, doch seitdem ich sie verinnerlicht habe, hat sich kein einziges Wochenende mehr zu kurz für mich angefühlt. Ich kenne zahlreiche Menschen, die dasselbe von sich behaupten können und ich hoffe, dass auch Sie entdecken, dass Ihr Wochenende niemals zu kurz ist. Es ist immer gleich lang und Sie entscheiden, was Sie daraus machen. Übrigens tanken Sie mehr Kraft für die bevorstehende Arbeitswoche, wenn Sie aktiv sind und etwas Schönes mit Ihren Mitmenschen unternehmen, als wenn Sie zu Hause bleiben und sich ausruhen.

5)
Gleichberechtigung bei der Arbeit

Wir haben vorhin darüber gesprochen, dass Sie mit Ihrer Arbeit nicht nur Geld verdienen, sondern auch einen tieferen Sinn erfüllen. Zusätzlich verbringen Sie einen großen Teil Ihrer Lebenszeit damit, zu arbeiten. Da Sie Ihre Lebenszeit glücklich verbringen wollen, ist es wichtig, dass Sie sich auch beim Verrichten Ihrer täglichen Arbeit wohl, zufrieden und ausgeglichen fühlen. Ein bewährtes Mittel hierfür ist, wie vorhin beschrieben, seine Arbeit nicht nur als bloße Erfüllung von Pflichten im Tausch gegen Geld anzusehen. Wenn Sie das tun, verfügen Sie bereits über sehr gute Voraussetzungen, um glücklicher durch den Alltag zu gehen. Nun ist es jedoch so, dass Sie bei der Arbeit nicht alleine sind. Ihre Laune, Ihre Tagesform und Ihr Wohlbefinden werden auch von den Menschen beeinflusst, die um Sie herum mitarbeiten. Diese sind Ihre Arbeitskollegen und Ihr Arbeitgeber.

Bevor ich mein Unternehmen gegründet habe, lernte ich die Rolle des Arbeitnehmers sehr gut kennen. Ich habe zahlreiche verschiedene Jobs gemacht und dabei viele wertvolle Erfahrungen sammeln dürfen. Was mir jedoch bei jeder einzelnen Arbeitsstelle negativ auffiel, war die Tatsache, dass meine Arbeitskollegen sich gegenüber ihren Arbeitgebern minderwertig fühlten. Auch heute noch höre ich Menschen Begriffe wie »Prominenz« oder »Die oberen Zehntausend« benutzen, wenn sie von der Führungsetage in einem Unternehmen sprechen. Ich habe unzählige Male erlebt, dass einer meiner Arbeitskollegen demotiviert oder weinend aus einem Chef-Büro kam und sich dadurch nicht nur den Tag, sondern die gesamte Arbeitsmoral ruinieren ließ. Genauso habe ich erlebt, wie Arbeitgeber ihre Arbeitnehmer angeschrien und beleidigt haben, da diese ihre Aufgaben nicht so erfüllt haben, wie es gewünscht wurde. Damals dachte ich, ich hätte einfach Pech mit meinen Arbeitsstellen gehabt, doch heute weiß ich, dass der Großteil aller Arbeitnehmer schon die gleichen oder ähnliche Erfahrungen gemacht hat. Für die meisten Menschen ist es völlig normal, »einen Einlauf zu bekommen« oder sich beim Chef eine »Standpauke abholen« zu gehen. Kennen Sie das auch? Haben Sie das schon einmal erlebt oder bei Ihren Arbeitskollegen beobachtet?

Ich sage nicht, dass ausnahmslos jeder Arbeitgeber so mit seinen Mitarbeitern umgeht. Tatsache ist jedoch, dass dieses Verhalten ein fester Bestandteil unseres modernen Arbeitsalltags ist und von den meisten Menschen als völlig legitim erachtet wird. Doch warum? Weshalb sollte ein Arbeitgeber über seinen Mitarbeitern stehen? Weshalb sollte er das Recht haben, diejenigen zu beleidigen und zu erniedrigen, die ihn beim Auf- und Ausbau seines Unternehmens unterstützen? Sollte er nicht viel eher dankbar dafür sein, kompetente Hilfe zu haben?

Lassen Sie uns Eines festhalten: Ihr Chef ist kein besserer Mensch als Sie. Wir Menschen sind alle gleichberechtigt. Der einzige Unterschied, der zwischen Ihnen und Ihrem Arbeitgeber besteht, ist der Grad der Verantwortung gegenüber dem Unternehmen, in dem Sie arbeiten. Ein Unternehmer trägt die volle Verantwortung für alles, was seine Firma betrifft. Da er sich nicht selbst um alle anfallenden Aufgaben kümmern kann, stellt er Mitarbeiter ein. Jeder Mitarbeiter bekommt einen bestimmten Aufgabenbereich zugeteilt, um den er sich kümmern muss. Ein Arbeitgeber hat jederzeit das gute Recht, auf seine Mitarbeiter zuzugehen und sie darauf hinzuweisen, dass sie ihre Aufgaben nicht optimal erfüllen. Er hat das gute Recht, ihnen zu zeigen, wie sie es besser machen können und es ist seine Aufgabe, das Ganze so verständlich herüberzubringen, dass die Mitarbeiter es auch erwartungsgemäß ausführen können. Sollte ein Mitarbeiter seinen Job anschließend immer noch unzureichend machen, kann der Chef ihn darauf hinweisen, dass die logische Konsequenz eine Kündigung wäre, wenn keine Besserung eintritt. Wenn es schließlich so sein muss, dann ist das so. Sie sehen jedoch, dass es zu keinem Zeitpunkt eine Notwendigkeit oder gar ein Recht dazu gibt, jemanden anzuschreien, zu beleidigen oder zu erniedrigen. Sie müssen niemals Angst vor Ihrem Chef haben. Sie müssen keinen »Einlauf« bekommen und sich auch keine »Standpauke abholen«.

Leider ist dieses simple Prinzip bei vielen Menschen noch nicht angekommen. Ich kann mir gut vorstellen, was Sie sich jetzt vielleicht denken. Vermutlich fragen Sie sich, wie Sie das Ihrem Arbeitgeber beibringen sollen, ohne dafür gekündigt zu werden. Dafür gibt es eine einfache Lösung: Seien Sie ehrlich und sachlich. Eine Strategie, die sich für mich und auch für viele andere Menschen bewährt hat, ist, seinen Arbeitgeber auf die Gleichberechtigung und verschiedene Rollenverteilung hinzuweisen. In der Praxis sähe das so aus:

Wenn Ihr Arbeitgeber Sie vor Ihren Mitarbeitern anschreit oder beleidigt, können Sie höflich sagen: »Sie haben Recht, ich habe einen Fehler gemacht. Das ist jedoch kein Grund, mich vor meinen Kollegen zu beleidigen oder zu demütigen. Wenn Sie mir zeigen, wie es besser geht, werde ich mir gerne Mühe geben, um es beim nächsten Mal besser zu machen. Wenn Sie mich jedoch anschreien, bin ich eher unmotiviert und habe keinen Spaß mehr an meiner Arbeit.«

Vielleicht klingt das gerade für Sie zu schön, um wahr zu sein, aber tatsächlich kann eine solche höfliche und sachliche Reaktion härter als eine Ohrfeige wirken und Ihr Gegenüber vollkommen entwaffnen. Sollten Sie es mit einem Arbeitgeber zu tun haben, der diese Ansicht nicht teilt, sind Sie vermutlich besser damit beraten, sich eine neue Arbeitsstelle zu suchen. Der Sinn Ihres Jobs ist, eine bestimmte Aufgabe zu erfüllen und nicht, die Launen eines anderen zu ertragen oder ihn zu erziehen.

Sie sind bei der Arbeit stets gleichberechtigt und Sie haben das Recht, auf diese Gleichberechtigung zu bestehen. Denken Sie stets daran, dass ein guter Arbeitgeber jemand ist, der Sie und Ihre Fähigkeiten fördert, anstatt Sie zu demotivieren. Ein guter Arbeitgeber ist jemand, der mit gutem Beispiel vorangeht und Ihnen zeigt, wie etwas funktioniert, anstatt nur mit dem Finger zu deuten und Erwartungen zu stellen. Er ist jemand, der daran interessiert ist, dass seine Mitarbeiter sich weiterentwickeln, um mit ihm gemeinsam das Unternehmen noch erfolgreicher zu machen. Es geht ihm um das Wohl des ganzen Teams und nicht nur um seinen eigenen Kontostand. Ich habe im Laufe meines Lebens viele solcher »guten« Arbeitgeber kennenlernen dürfen und gebe mir selbst stets die größte Mühe, auch so jemand für meine Mitarbeiter zu sein. Lassen Sie sich niemals von jemandem einschüchtern, nur weil er die Person ist, die Ihr monatliches Gehalt überweist. Geld ist nicht wertvoller als Ihre Würde oder Ihr Wohlbefinden. Wer Ihre Persönlichkeit nicht zu schätzen weiß und Sie nicht auf Augenhöhe behandelt, verdient Ihre Hilfe nicht.

Gleichberechtigung bei der Arbeit und ein ausgewogenes Verhältnis zu allen Mitarbeitern, allen voran dem Arbeitgeber, sind deshalb so wichtig, weil Sie einen großen Teil Ihrer Lebenszeit bei der Arbeit verbringen. Sie wollen diese kostbare Zeit genießen und sie nutzen, um sich weiterzuentwickeln, neue Fähigkeiten zu erlernen und den tieferen Sinn hinter Ihren Aufgaben voller zu Zufriedenheit zu erfüllen.

6)
Die einzige Meinung, die wirklich zählt

Es gibt einen unscheinbaren, harmlos anmutenden Gedanken, der die meisten Menschen daran hindert, glücklicher und zufriedener zu werden. Es ist ein Gedanke, den wir alle schon unzählige Male gedacht haben und der dafür sorgt, dass wir uns und unser alltägliches Leben fremden Vorstellungen anpassen. Dieser Gedanke lautet: »Was sollen denn bloß die anderen denken?«

Die Meinung unserer Mitmenschen ist uns so wichtig, dass wir unser Leben regelmäßig auf den Kopf stellen, nur um ihnen zu gefallen. Bevor ich Ihnen ein paar Beispiele nenne, möchte ich Sie darum bitten, sich selbst darüber Gedanken zu machen. An welchen Stellen denken Sie daran, was die anderen wohl denken könnten? Welche Komplikationen nehmen Sie in Kauf, damit man nichts »Seltsames« oder »Falsches« von Ihnen denkt? Fallen Ihnen ein paar Beispiele ein? Wenn ja, dann müssen Sie sich deswegen nicht schlecht fühlen. Das ist ganz normal und es geht den meisten Menschen so. Darauf Rücksicht zu nehmen, was die anderen wohl denken könnten, ist ein fester Bestandteil der Erziehung vieler Menschen.

Wir lernen von zu Hause aus, dass wir uns gut benehmen müssen, damit niemand annimmt, unsere Eltern seien schlechte Menschen. Wir lernen, stets gepflegt auszusehen, damit niemand vermutet, wir seien arm. Ich habe sogar einmal in einem Buch von einer Frau gelesen, deren Mutter stets darauf bestand, dass sie täglich ihre besten Socken und Unterwäsche trug. Denn, wenn sie einmal im Straßenverkehr überfahren und in ein Krankenhaus gebracht werden sollte, sollte niemand sie in schlechter Unterwäsche sehen, damit niemand sagen könnte, sie käme aus einem schlechten Elternhaus!

Im Rahmen meiner Arbeit lernte ich vor einiger Zeit einen jungen Mann kennen, der sehr viel Wert darauf legte, einen luxuriösen und wohlhabenden Eindruck zu machen. Er trug feinste Kleidung, viel Schmuck und fuhr ein teures Auto. Da ich mit ihm zusammenarbeitete, wusste ich, dass er ein durchschnittliches Gehalt hatte und sich das eigentlich nicht leisten konnte. Als er mir später begeistert von seinem Auto erzählte, bemerkte ich beiläufig, dass er sich diesen Luxus ja wirklich etwas kosten lasse. Daraufhin antwortete er, dass er das ja auch müsse. Schließlich dürften »die Leute« nicht denken, er sei arm. Ich fragte ihn, was denn passieren würde, wenn das jemand über ihn denken würde und er konnte mir keine klare Antwort darauf geben. Daraufhin fragte ich ihn, ob es seinen Kontostand verringern würde, wenn die Leute über ihn dachten, er sei arm. Ob er dadurch etwa weniger Geld verdienen würde.
»Natürlich nicht!«, antwortete er. Schließlich fragte

ich ihn, ob er denn mehr Geld verdienen würde, wenn die Leute denken würden, er sei reich. Er sah mich so verwundert an, als hätte ich ihm den Boden unter den Füßen weggezogen. Er hatte erkannt, dass er sich sein ganzes Leben lang belastete und seine gesamte Existenz riskierte, nur um andere Menschen für wenige, kurze Momente beeindrucken zu können.

Der junge Mann aus meiner Anekdote ist keine Ausnahme. Wir alle versuchen hin und wieder, es anderen recht zu machen. Manche mehr und manche weniger. Wir kaufen teure Geschenke, damit uns niemand für geizig hält. Wir übernehmen die Arbeitsschichten unserer Mitarbeiter, obwohl wir das überhaupt nicht wollen, nur damit uns niemand als unkollegial bezeichnen kann. Wir kaufen uns Dinge, die wir überhaupt nicht brauchen, damit wir wohlhabend und modern wirken. Wir »benehmen« uns und verstellen uns, um einer gesellschaftlichen Norm zu entsprechen, die nicht unbedingt kompatibel mit der eigenen Persönlichkeit ist. Ich könnte hier noch eine lange Liste führen, aber ich denke, dass Ihnen bereits auch einige Beispiele einfallen. Angesichts all dieser Komplikationen, die wir auf uns nehmen, um anderen zu gefallen, ist es nicht verwunderlich, dass viele Menschen unzufrieden sind und ihr Selbstbewusstsein verlieren.

Das Wort »Selbstbewusstsein« ist wörtlich zu nehmen. Es ist das Bewusstsein über sich als denkendes und lebendes Wesen. Selbstbewusst zu sein, bedeutet, sich selbst vollkommen zu kennen und somit immer in seinem eigenen Interesse und zu seinem Besten zu handeln. Das eigene Selbstbewusstsein und das damit einhergehende Bild von sich, das man hat, ist entscheidend für Ihr persönliches Glück. Vereinfacht ausgedrückt heißt das: Es gibt nur eine einzige Meinung über Sie, die wirklich zählt und das ist Ihre eigene!

Wieso sollte es irgendeine Relevanz für Sie haben, was Ihre Mitmenschen über Sie denken? Natürlich möchten Sie auf andere anziehend wirken und ihre Sympathien für sich gewinnen. Aber das erreichen Sie nicht, indem Sie sich ihnen anpassen. Sie erreichen das, indem Sie eine selbstbewusste, starke und unabhängige Person werden.
Sie leben Ihr Leben selbst und müssen sich selbst all den Herausforderungen stellen, denen Sie begegnen. Wenn Sie sich abends in Ihr Bett legen, sind Sie alleine mit Ihren Gedanken, Sorgen, Problemen, aber auch mit Ihren Freuden und Plänen für den kommenden Tag. Sie sind der Hauptakteur in Ihrem Leben und müssen sich um alles kümmern. Deshalb sind Sie auch die Person, die die meiste Aufmerksamkeit in Ihrem Leben verdient. Sie sind die Person, deren Meinung zählt.

Versuchen Sie einen logischen Grund dafür zu finden, warum Sie es anderen Menschen recht machen sollten. Ihre Suche wird erfolglos sein. Im Grunde genommen kann es Ihnen sogar egal sein, was Fremde über Sie denken. Fremde Menschen erleben nur einen winzig kleinen Ausschnitt Ihres Lebens, während Sie es zu 100 Prozent erleben. Mehr als 99,9 Prozent aller Menschen, denen Sie im Laufe Ihres Lebens begegnen, haben am Ende Ihrer Zeit keine Relevanz mehr für Sie. Es gibt nur verhältnismäßig wenige wirklich wichtige Menschen in Ihrem Leben. Diese Menschen mögen und akzeptieren Sie so, wie Sie sind. Sie müssen ihnen nichts recht machen und sich nicht für sie verstellen.

Fragen Sie sich, was die Meinung anderer Menschen an den Tatsachen ändert. Wenn jemand einen falschen Eindruck von Ihnen bekommt und denkt, Sie seien ein schlechter Mensch, macht Sie das dann zu einem schlechteren Menschen? Oder zu einem besseren? Und ändert eine einmalige Begegnung mit einem anderen Menschen etwas daran, wer Sie wirklich sind? Natürlich nicht. Also weshalb sollten Sie Wert darauf legen, was andere über Sie denken könnten?

Das Leben kann manchmal schwierig und kompliziert sein. Es ist Ihre Aufgabe, es vom ersten bis zum letzten Tag zu leben und wenn Sie sich schon selbst darum kümmern, dann verdienen Sie es auch, dabei stets glücklich und ausgeglichen zu sein. Vergessen Sie niemals, dass Sie selbst dafür verantwortlich sind, was geschieht. Sie sind verantwortlich, also ist Ihre Meinung auch die wichtigste. Lassen Sie sich gerne gute Ratschläge geben, aber verändern Sie nie Ihr wahres Wesen, nur weil irgendjemand etwas Falsches denken könnte. Selbst wenn jemand etwas »Falsches« von Ihnen denkt, hat das für Sie keine negativen Konsequenzen. Wichtig ist, dass Sie sich um das Wesentliche kümmern, um glücklicher, selbstbewusster und erfolgreicher zu werden: Um sich selbst!

7) Verantwortung ist Macht

Im vorherigen Kapitel haben wir darüber gesprochen, dass es nur eine Meinung über Sie gibt, die wirklich zählt. Nämlich Ihre eigene. Diese Sichtweise bringt den großen Luxus mit sich, dass Sie freier in Ihrem Denken und auch in Ihren Handlungen werden. Wenn Sie tatsächlich weniger Wert darauf legen, was Ihre Mitmenschen über Sie denken könnten, leben Sie selbstbestimmter und treiben die Entwicklung eines ausgeprägten Selbstbewusstseins intensiver voran. Das gute Recht, Ihre eigene Meinung als die wichtigste anzusehen, beziehen Sie aus der Tatsache, selbst für alle Umstände in Ihrem Leben verantwortlich zu sein. Das bedeutet aber auch, dass Sie die volle Verantwortung für alle Zu- und Umstände in Ihrem Leben übernehmen müssen, um dieses Recht zu behalten. Was das genau bedeutet, behandeln wir in diesem Kapitel.

Das Stichwort »Eigenverantwortung« gehört zu den Schlüsselbegriffen rund um alle möglichen Themen der persönlichen Entwicklung. Die meisten Menschen wollen glücklich, ausgeglichen und vor allem erfolgreich sein. Um Inspiration und Anregungen zu finden, suchen sie im Internet nach Blogs, die sich mit diesen Themen beschäftigen oder sie lesen Ratgeber, so wie diesen hier. Sie erwarten, gute Tipps zu erhalten, die sie möglichst schnell erfolgreich machen und müssen kurz darauf resigniert feststellen, dass sich nichts von alleine ändert. An dieser Stelle trennt sich die Spreu vom Weizen: Es gibt Menschen, die begreifen, dass sie selbst eine Veränderung einleiten und dafür handeln müssen. In dem Moment, in dem sie sich dazu entscheiden, ihr Glück selbst in die Hand zu nehmen, erkennen sie ihre Eigenverantwortung an. Die anderen mögen den Gedanken nicht, selbst ins Handeln kommen zu müssen und sind wütend darüber, dass niemand das für sie tut, was getan werden muss, um die gewünschten Ziele zu erreichen. Sie geben auf, weisen die Eigenverantwortung von sich und machen andere für ihr Scheitern verantwortlich.

Wenn Sie in Ihrem Leben etwas zum Positiven verändern möchten, müssen Sie zwingend begreifen, dass die Verantwortung für diese Veränderungen zu 100 Prozent bei Ihnen liegt. Das ist nicht immer einfach, denn schließlich haben auch andere Menschen einen Einfluss auf Ihr Leben und dieser Einfluss ist nicht immer unbedingt positiv. Zum Beispiel können Sie sich den guten Vorsatz fassen, von nun an positiver zu denken und sich weniger mit Ihren Mitmenschen zu streiten, damit mehr schöne und glückliche Dinge in Ihrem Alltag passieren. Doch plötzlich begegnen Sie am nächsten Tag einer streitlustigen Person und geraten mit ihr aneinander. Wutentbrannt kommen Sie nach Hause und sagen sich, dass Sie ja gar nichts dafür konnten, dass es mit dem guten

Vorsatz nicht geklappt hat. Schließlich hat die andere Person den Streit begonnen und Sie eine Situation gebracht, in der Sie sich verteidigen mussten. Ich gebe Ihnen noch ein Beispiel aus dem Alltag, mit dem Sie sich mit Sicherheit identifizieren können:

Sie möchten ein wenig Gewicht verlieren, also achten Sie darauf, sich bewusster und gesünder zu ernähren. Beim sonntäglichen Essen mit der Familie wird plötzlich Sahnekuchen serviert und Sie werden unruhig, da Sie sich fest vorgenommen haben, auf Kuchen zu verzichten. Aber da alle anderen um Sie herum sich das Dessert genehmigen, können Sie einfach nicht widerstehen. Im Nachhinein sagen Sie dann: »Wie hätte ich denn widerstehen sollen, wenn alle anderen um mich herum von dem Kuchen gegessen haben?«

Es gibt unglaublich viele Kleinigkeiten im Alltag, bei denen wir anderen Menschen die Schuld dafür geben, dass wir etwas falsch machen oder nicht unseren Prinzipien entsprechend handeln. Manchmal ist es auch wirklich so, dass wir nicht die Schuld an einem negativen Umstand in unserem Leben tragen. Aber selbst, wenn das so ist, sollten Sie lernen, die Verantwortung dafür zu übernehmen! Der Grund dafür ist, dass Verantwortung Macht ist.

Verantwortung ist Macht. Merken Sie sich diese simple Aussage, denn sie kann Ihr Leben nachhaltig zum Positiven verändern. Ob es um ein Unternehmen, um einen Vertrag oder um ein Leben geht: Wer die Verantwortung dafür übernimmt, hat auch die

Macht darüber. Wenn Sie anderen die Schuld für negative Umstände in Ihrem Leben geben, machen Sie sie für das Negative verantwortlich. Sie geben ihnen Macht. Wenn Sie jemandem die Schuld dafür geben, einen Streit begonnen zu haben, geben Sie ihm die Macht, Sie aus der Fassung zu bringen und Ihnen den Tag zu verderben. Wenn Sie anderen die Schuld dafür zuschieben, dass Sie vom Sonntagskuchen gegessen haben, dann geben Sie ihnen die Macht, über Ihre Prinzipien zu entscheiden und sie zu brechen. Immer, wenn Sie der Meinung sind, etwas nicht verschuldet zu haben, geben Sie Macht über Ihr Leben ab. Ist es möglich, ein selbstbestimmtes und glückliches Leben zu leben, wenn man nicht selbst die Zügel in der Hand hält und nicht selbst über seine Prinzipien, Vorsätze und Handlungen entscheidet? Das ist es nicht. Und genau das ist der Grund dafür, weshalb Sie stets die volle Verantwortung für alle Umstände in Ihrem Leben übernehmen sollten.

Ich weiß aus meiner eigenen Erfahrung, dass es anfangs sehr schwierig ist, sich selbst die »Schuld« für alle möglichen Dinge des Alltags zu geben. Tatsächlich ist es jedoch so, dass sehr viel weniger negative Ereignisse geschehen, wenn Sie die volle Verantwortung für alles in Ihrem Leben übernehmen. Wenn jemand einen Streit mit Ihnen beginnt, dann sollten Sie nicht ihm die Schuld dafür geben, sondern denken, dass es Ihr Fehler war, sich überhaupt auf den Streit einzulassen und sich somit den Tag verderben zu lassen. Aus diesem Fehler ziehen Sie dann die Konsequenz, sich nicht mehr auf Streitereien für Nichtigkeiten einzulassen und aggressive Menschen einfach stehen zu lassen. Wenn Sie nicht die Verantwortung übernehmen, kann es Ihnen jeden Tag passieren, dass jemand Sie mit seiner schlechten Laune aus der Fassung bringt. Wenn Sie jedoch sich selbst die Macht über den Ausgang einer solchen Situation verleihen, machen Sie den »Fehler« nur ein einziges Mal.

Wenn Sie Ihre Eigenverantwortung erkennen und annehmen, warten Sie nicht mehr darauf, dass andere etwas für Sie tun. Sie warten nicht mehr auf glückliche Umstände oder günstige Gelegenheiten. Sie sorgen selbst für glückliche Umstände und erarbeiten sich Ihren Erfolg selbst. Sie geben anderen nicht die Macht, Ihre Prinzipien in Frage zu stellen oder Ihre guten Vorsätze zu zerstören. Sie werden selbstbestimmter, selbstbewusster und entwickeln ein stärkeres Selbstvertrauen. Sie gestalten Ihr alltägliches Leben Stück für Stück mehr nach Ihren eigenen Vorstellungen. Wenn Sie die volle Verantwortung übernehmen, besitzen Sie auch 100 Prozent der Macht über Ihr Leben. Auf diese Weise ist es Ihnen ein Leichtes, jeden einzelnen Bereich Ihres Lebens Ihren Wünschen entsprechend anzupassen. Sie können sich in aller Ruhe darum kümmern, glücklicher, zufriedener, selbstbewusster und erfolgreicher zu werden, da Sie verstehen, dass andere nicht mehr die Möglichkeit haben, Ihnen Steine in den Weg zu legen. Es liegt nun ganz bei Ihnen.

8)
Es ist unmöglich, auszulernen

Es gibt Menschen, die einfach unbelehrbar sind. Sie meinen, alles zu wissen, alles zu können, weisen jeden guten Ratschlag von sich und treffen Aussagen, wie zum Beispiel: »Das muss ich mir bestimmt nicht beibringen lassen und schon gar nicht von dir.«
Das kann man zwar so machen, aber früher oder später wird man feststellen, dass sich daraus zwei riesige Nachteile ergeben: Erstens vertreibt man seine Mitmenschen, da diese das Gefühl bekommen, mit einer Wand eine anregendere Unterhaltung führen zu können. Zweitens ist es nicht möglich, sich persönlich weiterzuentwickeln und mehr Glück und Lebensqualität zu erlangen, wenn man nicht bereit ist, an jedem einzelnen Tag etwas Neues zu lernen und sich immer wieder zu hinterfragen.

Während unsere Lebenszeit begrenzt ist, ist das Leben grenzenlos. Das Universum ist unendlich weit und alleine auf der Erde, diesem winzig kleinen Bruchteil des Ganzen, gibt es so viel zu lernen, so viel zu entdecken und so viel zu erfahren, dass es unmöglich ist, all das innerhalb eines einzigen Menschenlebens aufzunehmen. Nicht einmal 1000 Jahre würden reichen, da es täglich etwas Neues zu entdecken gibt. Glauben Sie angesichts dieser Tatsachen wirklich, dass es möglich ist, »ausgelernt« zu haben? Ich höre häufig Menschen davon sprechen, nichts mehr lernen zu müssen, da sie schließlich jahrelang zur Schule oder zur Universität gegangen seien. Natürlich *müssen* sie nichts mehr lernen, schließlich werden sie nicht dazu gezwungen. Sie dürfen sich dann aber einfach nicht wundern, wenn das mit dem wahren persönlichen Erfolg und der Lebensqualität nicht so funktioniert, wie sie es sich vorgestellt haben. Nehmen Sie sich kein Beispiel an den Menschen, die unbelehrbar sind und glauben, bereits erwachsen zu sein und ausgelernt zu haben. Es ist nicht möglich, »auszulernen«. Wenn Sie diese simple Tatsache verstehen, öffnen Sie Ihren Geist für alle wunderbaren Dinge und Wahrheiten des Lebens.

Wenn Sie Hunger haben, fühlen Sie die Notwendigkeit, etwas essen zu müssen. Wenn Sie jedoch vollkommen satt sind, kann Nahrung Sie nicht reizen. Genauso verhält es sich mit dem Wissen. Wenn Sie glauben, bereits alles zu wissen, haben Sie keinen Anreiz, um Neues lernen und sich weiterzuentwickeln. Wenn Sie jedoch die Einstellung haben, dass es immer etwas Neues zu erfahren gibt, ziehen Sie neues Wissen geradezu an. Wie unschätzbar wertvoll das für Ihr gesamtes Leben ist, möchte ich mithilfe eines kleinen Beispiels veranschaulichen:

Stellen Sie sich vor, Sie seien auf der Suche nach einem neuen Hobby. Es soll anspruchsvoll sein und Sie erfüllen. Nach langem Überlegen entscheiden Sie, dass Sie lernen möchten, die Gitarre zu spielen. Sie haben sich schon immer für Musik interessiert und haben das Gefühl, dass es nun endlich an der Zeit ist, selbst ein Instrument in die Hand zu nehmen. Der Einstieg gestaltet sich unerwartet zäh. Die Gitarre ist ein komplexes Instrument und es ist schwieriger als erwartet, ihr einen sauberen Ton zu entlocken. Zusätzlich tun Ihre Fingerspitzen weh, da sie ständig auf die scharfen, dünnen Saiten drücken. An diesem Punkt haben Sie zwei Möglichkeiten: Sie können die Gitarre entweder beiseitelegen, aufgeben und sagen, dass Sie es nicht nötig haben, die Gitarre zu spielen, da das einfach nur anstrengend sei. Sie können aber auch verstehen, dass die Komplexität der Gitarre das ist, was sie so wunderbar macht. Sie steckt voller Möglichkeiten und wird nur von denen beherrscht, die wahre Hingabe und Ausdauer beweisen. Es macht Sie zu etwas Besonderem und zeichnet Sie aus, dieses Instrument zu verstehen und zu spielen. Deshalb geben Sie nicht auf. Stück für Stück lernen Sie, mit dem Instrument umzugehen. Mit jeder Übungsstunde fühlen Sie sich sicherer. Wo zu Beginn Ihre Finger wehtaten, ist nun eine feine Hornhaut-Schicht, die Sie vor dem Schmerz bewahrt. Die Töne, die Sie der Gitarre zuvor nur unter Mühen entlocken konnten, gehen Ihnen leicht von der Hand. Mit jedem Mal, das Sie dieses Instrument in die Hand nehmen, werden Sie besser. Mit jedem einzelnen Mal haben Sie mehr Spaß daran.

Genauso verhält es sich mit Ihrem Leben. Es ist unwahrscheinlich komplex und wenn man darin erfolgreich sein will, erfordert es viel Hingabe. Es tut manchmal weh und kostet einige Entbehrungen. Sie können sagen, dass Sie es nicht nötig haben, tiefer in das Leben vorzudringen. Dann werden sie jedoch niemals in den Genuss kommen, es zu »beherrschen«. Wenn Sie jedoch Ihren Geist öffnen und sich dazu bereiterklären, jeden Tag etwas Neues zu lernen, werden Sie besser darin, glücklich zu leben. Das Leben fällt Ihnen leichter und Sie haben mehr Spaß daran. Sie erzielen persönliche Erfolge, von denen andere nur träumen können.

In der Praxis bedeutet das, dass Sie ein besseres Verständnis für alle verschiedenen Bereiche des Lebens entwickeln. Sie erschließen bessere soziale Bindungen zu Ihren Mitmenschen. Sie lernen, Ihre Emotionen zu verstehen und kommen mit sich ins Reine. Sie entwickeln Ihr Selbstbewusstsein und Selbstvertrauen weiter. Sie erhöhen Ihren Bildungsgrad und werden somit nicht nur zur Bereicherung für Ihre Umwelt, sondern qualifizieren sich auch für zahlreiche Kompetenzbereiche. Ihr Leben macht jeden Tag ein Stückchen mehr Spaß, da sie es immer besser »beherrschen«, wie ein Instrument.

Wenn man in etwas wirklich gut sein möchte, dann muss man Zeit, Engagement und Leidenschaft darin investieren. Ansonsten wird man immer schlecht oder durchschnittlich bleiben. Ihr Leben ist das kostbarste, was Sie besitzen. Es lohnt sich, gut darin zu werden. Es lohnt sich, es zu entdecken, vor allem, weil es Spaß macht. Sich weiterzubilden und die Mysterien des Lebens zu entschlüsseln, ist nichts Langweiliges. Es ist etwas Spannendes und Einzigartiges. Niemand sonst kann herausfinden und lernen, was Sie über sich erfahren können, da Sie einzigartig sind. Vielleicht macht das Ganze einen esoterischen Eindruck auf Sie, aber glauben Sie mir: Sobald Sie es selbst erleben, werden Sie es verstehen. Wissen ist Macht. Vor allem das Wissen um und über sich selbst.

Seien Sie Ihren Mitmenschen gegenüber aufgeschlossen. Wir können von jedem, ausnahmslos jedem Menschen etwas lernen. Ich bin fest davon überzeugt, dass wir sogar von Kindern lernen können. Sie zeigen uns, die Welt einfach und ohne jegliche Filter zu sehen, so wie sie ist. Wir können von den Fachkompetenzen anderer Menschen lernen und wir können sogar von geistig behinderten Menschen lernen, die Welt aus einer ganz anderen Perspektive zu betrachten. Wissen ist ein Statussymbol, das Sie bewundernswert macht. Wissen muss man sich aneignen. Sie können es nicht stehlen oder kaufen. Damit es ein Teil von Ihnen wird, müssen Sie sich damit beschäftigen. Ihre Ausdauer, Ihre Lernbereitschaft und natürlich Ihr Wissensschatz machen Sie interessant und bewundernswert.

Freunden Sie sich noch heute mit dem Gedanken an, dass es unmöglich ist, auszulernen. Auf diese Weise sorgen Sie nachhaltig für wahres Glück und Lebensqualität.

9)
Es gibt keinen Maßstab für unser Leben

Vergleichen Sie sich hin und wieder mit Ihren Mitmenschen? Sie dürfen sich ruhig eine ehrliche Antwort geben, denn wir sind hier ganz unter uns. Wir alle tun das hin und wieder und genau genommen sogar öfter, als wir glauben würden. Es gibt im Alltag so viele Situationen, in denen wir unsere Mitmenschen in einen Vergleich ziehen: Wir vergleichen unseren Wohlstand, unseren Erfolg, unsere Talente und Expertisen, unser Aussehen und noch Vieles mehr. Immer dann, wenn wir bei einem solchen Vergleich merken, dass der andere »bessere« Ergebnisse vorzuweisen hat, sind wir unzufrieden. Wir beneiden diese andere Person.

Vielleicht haben Sie schon einmal den Spruch »Eigenlob stinkt« gehört. Es ist ein unsinniger Spruch, den wir schon in frühen Kindertagen beigebracht bekommen haben. Er führt dazu, dass wir stets eine falsche Bescheidenheit an den Tag legen und es uns instinktiv verbieten, auf unsere Leistungen stolz zu sein. Da Eigenlob angeblich etwas Verwerfliches ist, haben wir gelernt, über den Großteil unserer Erfolge hinwegzusehen. Wenn wir einen Vergleich beginnen, ist dieser aus zwei Gründen von Anfang an nicht realistisch: Erstens, weil wir den Erfolg oder die positiven Umstände der anderen Person anhand von oberflächlichen Beobachtungen bewerten und zweitens, weil wir aufgrund unserer falschen Bescheidenheit nicht immer einen klaren Blick dafür haben, wie viel Positives wir eigentlich selbst vorzuweisen haben. Diese zwei Faktoren führen dazu, dass wir einen Vergleich eher »verlieren« und deswegen unzufrieden mit uns sind.

Der dänische Philosoph Sören Kierkegaard sagte: »Das Vergleichen ist das Ende des Glücks und der Anfang der Unzufriedenheit.« Damit hat er vollkommen Recht. Nicht nur, weil wir aus den eben genannten Gründen die meisten Vergleiche »verlieren«, sondern auch, weil es uns nicht bei unserer persönlichen Entwicklung weiterhilft, ständig auf andere Menschen zu schauen. Leider ist das Vergleichen jedoch ein Bestandteil unserer menschlichen Natur und wir können es nicht einfach auf Knopfdruck ausschalten. Es gibt aber Möglichkeiten, dieses Verhalten zu reduzieren und sogar Positives daraus zu gewinnen! Wie das geht, möchte ich Ihnen in diesem Kapitel vorstellen.

Jeder Mensch ist vollkommen einzigartig, in jeglicher Hinsicht. Versuchen Sie, sich vorzustellen, in wie vielen Aspekten wir uns unterscheiden können. Von unserem Humor, über unseren Geschmack bis hin zu unserer emotionalen Reife. Es gibt so viele verschiedene Variablen abseits des Aussehens, dass es

beinahe unmöglich ist, dass zwei Menschen sich exakt gleichen.
Mit Sicherheit kommt es hin und wieder vor, dass jemand etwas schafft, das Sie eigentlich auch gerne schaffen würden. Oder jemand hat etwas, das Sie auch gerne haben würden. Doch haben Sie einmal darüber nachgedacht, dass Ihr Wunsch nach dieser bestimmten Sache vielleicht nur vorübergehend sein könnte? Manchmal sind gewisse Dinge im Leben wie ein orientalisches Abendessen. Beim ersten Probieren sind Sie begeistert, doch könnten Sie es wirklich auf Dauer haben? Jeden einzelnen Tag? Es gibt einfach Dinge, die nicht jedermanns Sache sind und so verhält es sich in den meisten Fällen mit Dingen, die Sie bei anderen bewundern. Stellen Sie sich stets die Frage, ob Sie das, was Sie bei anderen beneiden, wirklich dauerhaft in Ihrem Leben haben wollen würden. Sie werden erstaunt darüber sein, wie oft Sie diese Frage mit »nein« beantworten. Dass etwas eine Berechtigung im Leben eines Mitmenschen hat, heißt nicht, dass es für Sie genauso von Vorteil wäre. Aus welchem Grund sollten Sie also einen Vergleich anstellen? Wenn Vergleiche Sie unzufrieden machen, dann sollten Sie darauf achten, sich möglichst wenig mit Ihren Mitmenschen zu vergleichen. Der Gedanke daran, dass jeder Mensch verschieden ist, kann Ihnen dabei behilflich sein. Denken Sie auch daran, dass es zahlreiche Menschen gibt, die Sie beneiden. Für alles, was Sie haben, sind oder täglich machen. Nach einem Vergleich unzufrieden zu sein, ist ein subjektives Gefühl und Sie sind damit nicht alleine.

Wie vorhin bereits erwähnt, ist Neid eine Begleiterscheinung des Vergleichens. Die meisten Menschen schämen sich dafür, neidisch zu sein und denken, es sei eine schlechte Eigenschaft. Das ist jedoch nicht so. Neid ist nicht zwingend eine negative Eigenschaft, die Ihnen schadet. Es gibt durchaus eine Möglichkeit, Neid positiv zu nutzen! Das tun Sie immer dann, wenn Sie sich von den Erfolgen anderer Menschen inspirieren und motivieren lassen. Wenn Ihr Arbeitskollege zum Beispiel die Beförderung bekommt, die Sie sich schon lange wünschen, dann seien Sie nicht missgünstig oder enttäuscht, sondern lassen Sie sich davon motivieren! Freuen Sie sich für Ihren Kollegen und gönnen Sie ihm seinen Fortschritt. Wenn Sie Neid empfinden, dann lassen Sie ihn nicht in Missgunst umschlagen, sondern nutzen Sie ihn als Energiequelle, um Ihre eigenen Ziele schneller zu erreichen. Bei jeder starken Emotion wird Energie freigesetzt. Sie können sich aussuchen, wie Sie diese Energie nutzen.

Manchmal stellen Sie sich die Frage, ob das, was Sie an Ihren Mitmenschen beneiden, auch zu Ihnen passen würde und beantworten sie sich dann mit »ja«. In solchen Fällen sollten Sie sich fragen, ob Sie anderen ewig dabei zusehen wollen, wie sie Ihren Traum leben, oder anfangen wollen, Ihre Träume Wirklichkeit werden zu lassen. Auch hier ist Neid eine starke Motivation, die Ihnen dabei helfen kann, über sich hinauszuwachsen.

Denken Sie immer daran, dass es keinen Maßstab für Ihr Leben gibt. Was Ihre Mitmenschen machen, haben oder schaffen, hat nur in den allerwenigsten Fällen eine Relevanz für Ihr Leben. Erinnern Sie sich daran, dass Ihre Meinung über sich die einzige ist, die wirklich zählt. Dasselbe Prinzip gilt für Ihre Mitmenschen. Auch diese sollten sich keine Gedanken darüber machen müssen, was Sie wohl über sie denken. Zu Ihrem eigenen Wohl und Ihrer Lebensqualität zuliebe sollten Sie sich also gar nicht erst damit beschäftigen, was im Leben anderer passiert. Wenn man immer nur damit beschäftigt ist, zu schauen, wie es bei anderen läuft, bekommt man nicht mehr mit, was um einen herum geschieht. Gerade dann, wenn Sie glücklicher, zufriedener, selbstbewusster und erfolgreicher sein wollen, müssen Sie das verhindern. Am Ende geht es immer um Sie. Sobald Sie selbst in verschiedenen Bereichen Ihres Lebens erfolgreicher sind, werden Sie feststellen, dass Ihre Mitmenschen plötzlich Sie beneiden. Diese bekommen dann die Chance, sich von Ihnen motivieren zu lassen.

10)
Warum die anderen an Ihnen zweifeln

Wenn Sie sich intensiv mit diesem Buch beschäftigen, einige der Glaubenssätze in Ihr alltägliches Denken Einzug halten lassen und Ihren positiven Vorsätzen entsprechend handeln, werden Sie sehr schnell erste Erfolge verzeichnen können. Sie werden feststellen, dass Sie glücklicher, zufriedener und ausgeglichener sind. Das ist großartig für Sie, aber dennoch wird es immer wieder andere Menschen geben, die behaupten werden, Sie würden alles falsch machen. Vielleicht wird man Ihnen sogar sagen, Sie würden da an esoterischen Quatsch glauben und dass Ihnen das Ganze nichts bringen würde. Zumindest ergeht es vielen Menschen so oder so ähnlich, die sich zum ersten Mal intensiv mit der persönlichen Entwicklung beschäftigen und plötzlich feststellen, dass ihr direktes Umfeld eine Reaktion darauf zeigt. Sollten Sie die Erfahrung machen, dass jemand an Ihren Vorhaben und Ihren Methoden zweifelt, dann seien Sie dieser Person nicht böse. Sie hat vermutlich keine schlechten Absichten, sondern handelt instinktiv. Je erfolgreicher Sie werden, desto größer wird der Widerstand sein, den Sie durch einen Großteil Ihrer Mitmenschen erfahren. In diesem Kapitel möchte ich Ihnen erklären, warum das so ist.

Glücklich, zufrieden und erfolgreich zu sein, ist eines unserer Grundbedürfnisse. Wir alle wollen das, aber nur wenige von uns sind wirklich bereit, alles dafür Nötige zu tun. Diejenigen, die nicht dazu bereit sind, ihre Eigenverantwortung anzuerkennen und die Entwicklung Ihrer Lebensqualität in die eigenen Hände zu nehmen, geben anderen die Schuld für die Umstände in ihrem Leben und erfinden Ausreden. Sie erfinden Ausreden, weshalb sie nicht erfolgreich sein können. Vielleicht fallen Ihnen ein paar Ihrer Mitmenschen ein, von denen Sie das kennen. Vielleicht haben Sie schon einmal solche Aussagen gehört, wie: »Eigentlich könnte ich einen besseren Job haben und jede Menge Geld verdienen, aber warum die Mühe? Ich brauche eigentlich nicht mehr Geld und habe einen super Job. Ich mag einfach die Leute dort und sie brauchen mich.«
Ein weiterer Klassiker ist: »Ich könnte locker abnehmen und viel sportlicher sein, aber im Moment habe ich einfach zu viel zu tun. Es ist die Zeit und Mühe nicht wert. Wenn man Sport macht, dann muss man das schon richtig machen, also mehrmals pro Woche und sich auch entsprechend ernähren. Wenn ich jetzt nur zwei Mal pro Woche zum Sport gehe und mich einfach ein bisschen gesünder ernähre, dann bringt das nichts. Ich muss mich jetzt erstmal um andere Sachen kümmern und dann kann ich immer noch ganz locker abnehmen und fitter werden.«

Kennen Sie solche Ausreden? Es gibt sie in allen verschiedenen Varianten, zu allen möglichen Themen und Bereichen des Alltags. Wenn Menschen nicht die

Bereitschaft zeigen, selbst für einen positiven Umstand zu sorgen, dann geben sie das nicht einfach zu, sondern erfinden eine Ausrede, die ihnen das Gewissen erleichtert. Wenn wir uns etwas oft genug einreden, wird es für uns zur Wahrheit. Unser Unterbewusstsein unterscheidet nicht zwischen wahr und falsch. Es nimmt das auf, was es vom Bewusstsein serviert bekommt. Auf diese Weise passiert es, dass Menschen ihre Ausreden irgendwann als Realität akzeptieren und fest daran glauben.

Wenn Sie nun an Ihrem persönlichen Erfolg arbeiten und Stück für Stück neue positive Resultate erzielen, geht das nicht spurlos an Ihrem Umfeld vorbei. Man sieht Ihnen Ihren Elan an, spürt Ihre Lebensfreude und merkt, dass Sie sich in Ihrer Haut wohler fühlen. Jeder um Sie herum bekommt mit, dass Sie erfolgreicher in all Ihren Vorhaben sind und somit Dinge schaffen, die andere Menschen aus Ihrem Umfeld auch gerne schaffen würden. Diese haben bereits Ausreden zu ihrer Realität gemacht und werden nun daran erinnert, dass sie eigentlich auch gerne das erreichen wollten, was Sie aktuell leisten. Man könnte nun vermuten, dass diese Mitmenschen durch Ihr Beispiel motiviert werden und selbst aktiver werden, um ihre Ausreden zu eliminieren. Wenn jene Personen jedoch aus diesem Holz geschnitzt wären, hätten sie nicht schon im ersten Anlauf Ausreden erfunden. Anstatt sich ein Beispiel an Ihnen zu nehmen, versuchen sie, Sie herunterzuziehen. Denn, wenn Sie erfolgreich sind, beweisen Sie damit eindeutig, dass die Ausreden der anderen unsinnig sind. Diese müssen nun versuchen, Sie am Erfolg zu hindern, damit nicht an ihrem Weltbild gerüttelt wird. Aus diesem Grund beginnen sie, sich über Sie lustig zu machen, die persönliche Entwicklung als »esoterischen Blödsinn« zu bezeichnen oder Sie sogar zu beleidigen, damit Sie Ihre Motivation verlieren.

Wenn andere Ihre Erfolge in Frage stellen oder Sie herunterziehen wollen, bedeutet das nur, dass sie genau wissen, dass Sie noch erfolgreicher sein werden. Das ist es, was ihnen Angst macht. Deshalb versuchen sie, Sie auf ihrem Niveau zu halten. Lassen Sie sich nicht davon aufhalten. Es ist Ihr Leben und Sie haben ein Recht darauf, es bis zum Maximum auszukosten.

In vielen Fällen behaupten jene Menschen, dass sie Sie nur schützen wollen und nur aus Gründen Ihres Wohlergehens skeptisch sind. Merken Sie sich: Jemand, der Ihr Wohlergehen möchte, unterstützt Sie. Er stellt nicht in Frage, was Sie tun, sondern hilft Ihnen dabei, Ihr volles Potenzial zu entfalten. Wer Sie unsachlich kritisiert, sich über Sie lustig macht oder Sie beleidigt, sieht einfach nur seine Felle davonschwimmen. Ein altes Sprichwort besagt, dass man eine Blume, die man mag, pflückt, aber eine Blume, die man liebt, gießt und pflegt.

Was für Sie persönlich Erfolg bedeutet, entscheiden Sie selbst. Ob Sie einfach mehr Lebensfreude haben wollen, mehr Geld verdienen möchten, sportlicher werden wollen oder ein anderes Ziel verfolgen: Die

Grundsätze des Glücks werden Ihnen dabei helfen. Indem Sie gewisse Wahrheiten anerkennen und positive Glaubenssätze etablieren, befreien Sie sich von zahlreichen negativen Einflüssen und Belastungen. Auf diese Weise erhalten Sie eine Leichtigkeit, die Ihnen dabei hilft, all Ihre Ziele zu erreichen. Das Ganze hat nur sehr wenig mit Esoterik zu tun und basiert auf Logik und Grundlagen der Psychologie. Dass es funktioniert, haben schon zahlreiche Menschen gezeigt und es wird jeden Tag aufs Neue bewiesen. Es ist an der Zeit, dass Sie auch endlich diese Erfahrung machen. Sollte in Zukunft jemand versuchen, Ihnen das Ganze schlechtzureden oder Sie herunterzuziehen, dann versuchen Sie, es ihm nicht übel zu nehmen. Sie wissen nun, warum Menschen das hin und wieder tun. Vielleicht können Sie anderen sogar irgendwann dabei helfen, ihre Ausreden aufzulösen, indem Sie ihnen das nahebringen, was Sie auf diesen Seiten erfahren haben.

11)
Wie Sie den größten Ozean überqueren

Ein altes Sprichwort besagt, dass sogar das kleinste Boot den größten Ozean überqueren kann, solange es kein Wasser nach innen lässt. Denken Sie einmal in Ruhe über diese Aussage nach, denn sie beschreibt ein Sinnbild, das viel für Sie tun kann.
Das Leben kann uns das Gefühl geben, klein und unbedeutend zu sein. Sie sind ein einziger Mensch zwischen rund 7,5 Milliarden anderen auf der Erde. Das Universum um uns herum hat keine Grenzen. Und inmitten all dessen soll es Ihnen gelingen, ein bedeutsames und erfülltes Leben zu leben. Kein Wunder, dass man sich dabei hin und wieder demotiviert fühlt. Hinzu kommt noch, dass es in unserer Gesellschaft immer Menschen gibt, die »ranghöher« zu sein scheinen. Menschen, die wohlhabender und einflussreicher sind. Personen, die Kontakte in alle möglichen Branchen haben und sich ihr Leben somit vereinfachen. Es kommt nicht selten vor, dass ich jemanden davon reden höre, ein »kleiner Mann« zu sein und ohnehin nichts in der Welt bewegen zu können. Generell ist es auffällig, dass »Der kleine Mann« von vielen Menschen zum Sinnbild für den Durchschnittsbürger gemacht wird. Finden Sie, dass

es förderlich für das Selbstbewusstsein ist, sich als klein und einflusslos zu sehen? Ich auch nicht. Verabschieden Sie sich also von dem Gedanken, »Der kleine Mann« zu sein. Sie sind, wer Sie sind und somit die wichtigste Person in Ihrem Leben!

Dass andere Personen wohlhabender, mächtiger und einflussreicher als Sie sind, lässt sich nicht vermeiden. Es gibt immer jemanden, der das von sich behaupten kann und Sie sollten sich von dieser Tatsache nicht beeindrucken lassen. Unabhängig von unserem Wohlstand und unserem gesellschaftlichen Einfluss haben wir alle die gleichen Möglichkeiten, glücklicher, zufriedener und selbstbewusster zu werden. Das möchte ich Ihnen mithilfe unserer eingangs erwähnten Metapher verdeutlichen:

Nehmen wir einfach mal an, dass Sie wirklich ein kleines Boot in einem riesigen Ozean sind. Was ist die Voraussetzung dafür, dass Sie nicht sinken? Sie dürfen kein Wasser nach innen lassen. Dieselbe Regel gilt für alle anderen Boote und Schiffe. Ist die Größe eines Schiffs eine Garantie dafür, dass kein Waser eindringen kann? Natürlich nicht. Die Geschichte der Titanic passt herrlich zu unserem bildlichen Vergleich! Jeder kann unbedacht, unaufmerksam oder fahrlässig handeln und so aus dem Gleichgewicht geraten. Das passiert großen Schiffen genauso wie kleinen Booten. Wenn wir das Ganze auf die Realität übertragen, bedeutet das also, dass Sie kein »Wasser nach innen lassen« dürfen. Doch was genau bedeutet das?

Es bedeutet, dass Sie sich nicht von negativen Eindrücken überwältigen lassen dürfen. Im Leben geht es oft darum, das Negative an sich abperlen zu lassen, anstatt sich damit zu beschäftigen. So verhält es sich zum Beispiel mit Stress, Wut oder Sorgen. In einer stressigen Situation einen kühlen Kopf zu bewahren, bedeutet, dass Sie die Hürde gut meistern und nicht ins Straucheln kommen. Wenn Sie sich den Stress jedoch zu nahe kommen lassen, werden Sie nachlässig, gereizt und verlieren die Kontrolle über das Geschehen. Wenn Sie in einer Streitsituation die Nerven bewahren und sich nicht aufregen, können Sie eine Eskalation verhindern. Sollten Sie der Wut jedoch erlauben, Macht über Sie zu ergreifen, gerät alles aus dem Ruder. Dasselbe Phänomen können wir bei Sorgen beobachten. Wenn Sie sich keine Sorgen über bestehende Probleme machen, können Sie sachlich, objektiv und effizient an einer Lösung arbeiten. Lassen Sie sich jedoch von den Sorgen einnehmen, sind Sie gelähmt vor Angst und schaffen es nicht, auch nur einen klaren Gedanken zu fassen, der dabei hilft, das Dilemma aufzulösen.

Im Leben wissen Sie nie, was auf Sie zukommt. Sie suchen sich zu Beginn eines Tages nicht aus, welchen Herausforderungen Sie sich stellen werden. Sie können jedoch selbst entscheiden, wie Sie mit dem umgehen, was Ihnen begegnet. Sie haben stets einen eigenen Einflussbereich, in dem Sie selbst entscheiden, was geschieht. In unserem Beispiel ist das Ihr Boot. Der Ozean um Ihr Boot herum ist riesig und Sie können nichts darin beeinflussen. In Ihrem Boot sind Sie jedoch der Chef. Sie bestimmen, wo es hinsteuert und Sie entscheiden, wie es auf die verschiedenen Einflüsse und Veränderungen des Ozeans reagiert. Ihre Hauptaufgabe ist es, nichts Negatives in Ihren Einflussbereich eindringen zu lassen, damit Sie stets sicher und unbeschadet vorankommen.

Unser persönliches Glück ist unabhängig von finanziellem Wohlstand, gesellschaftlichem Einfluss oder weitreichenden Kontakten. Unser Glück findet in uns selbst statt. Ob Sie nun ein kleines Boot oder ein riesiges Schiff sind, ändert nichts an der Tatsache, dass Sie den Ozean nicht in sich eindringen lassen dürfen, um aufrecht zu bleiben und im Leben zu bestehen. Je besser Sie diese Aufgabe meistern, desto glücklicher werden Sie und desto leichter fällt es Ihnen, das Ruder fest in beiden Händen zu halten.

Stellen Sie sich in stressigen Situationen die Frage, ob es Ihnen in irgendeiner Weise weiterhilft, sich vom Stress übermannen zu lassen. Nehmen Sie sich ernsthaft einen Moment Zeit und fragen Sie sich, ob es vorteilhaft für Sie ist, wenn Sie sich aufregen, nachlässig werden und unhöflich mit Ihren Mitmenschen umgehen.

Genauso sollten Sie in problematischen Situationen daran denken, dass Sorgen Ihnen nicht weiterhelfen. Sorgen sind Warnsignale dafür, dass etwas nicht stimmt und dass Sie eine Lösung für ein bestimmtes Problem herbeischaffen müssen. Mehr jedoch nicht. Haben Sie sich schon einmal gefragt, welche Vorteile es für Sie hat, sich Sorgen zu machen? Tatsächlich gibt es keine. In schwierigen Situationen gibt es genau drei Lösungsmöglichkeiten: Sie können sich mit einer schwierigen Situation abfinden, ihr für immer aus dem Weg gehen oder etwas dagegen unternehmen. Alle drei Optionen führen zu einer Lösung, wenn auch in manchen Fällen zu einer schlechten. Sich Sorgen zu machen, führt jedoch zu keiner Lösung. Sorgen halten das Problem aufrecht und zwingen Sie zur Handlungsunfähigkeit. Solange nicht gehandelt wird, löst ein Problem sich nicht auf. Sich Sorgen zu machen, ist also im wahrsten Sinne des Wortes paradox.

Der große Ozean um uns herum ist unendlich und er hält vielfältige Herausforderungen für uns parat. Es ist nicht immer einfach, ihn zu überqueren, aber dafür ist es niemals unmöglich! Denken Sie in schwierigen Zeiten immer daran, dass auch das kleinste Boot den größten Ozean überqueren kann. Die Voraussetzung dafür ist nur, dass es kein Wasser nach innen lässt. Machen Sie ein kleines Experiment und achten Sie für ein paar Tage intensiv darauf, sich weniger zu stressen, weniger zu streiten und Sorgen beiseitezuschieben, da diese Ihnen ohnehin nicht weiterhelfen. Sie werden erstaunt darüber sein, welche großen Veränderungen alleine durch diese kleinen Maßnahmen in Ihrem Leben stattfinden werden.

12)
Wo Ihr Leben wirklich beginnt

Lassen Sie uns bei den Metaphern mit Schiffen bleiben: Am sichersten ist ein Schiff, wenn es sich im Hafen befindet. Doch wird ein Schiff gebaut, um im Hafen zu stehen? Nein, seine Aufgabe ist es, die Meere der Welt zu überqueren. Dasselbe gilt auch für Sie: Am sichersten sind Sie dort, wo Sie »gemacht wurden«, doch Sie wurden nicht gemacht, um ewig im sicheren Nest zu bleiben. Es ist Ihre Aufgabe, in das Leben hinauszutreten, es zu entdecken und zu genießen. Das ist eine feste Grundvoraussetzung für mehr Glück, Zufriedenheit, Selbstbewusstsein und Erfolg.

Ist Ihnen schon einmal irgendwo der Begriff »Komfortzone« begegnet? Die Komfortzone ist der Bereich, in dem sich die meisten Menschen ihr Leben lang aufhalten. Es ist das sichere Nest, das aus Gewohnheiten, bestehenden Strukturen und einer festen Anzahl von Mitmenschen besteht. Menschen, die sich in der Komfortzone aufhalten, fürchten sich vor Veränderungen. Sie bauen einen fixen Alltag auf, von dem es nur sehr wenige Abweichungen gibt: Eine feste Arbeitsstelle, eine fest vorgegebene Anzahl an wiederkehrenden Verpflichtungen, ein paar immer gleiche »Freizeitaktivitäten« und regelmäßige Treffen mit langjährigen Freunden. Kennen Sie das? Haben Sie auch eine Komfortzone um sich herum aufgebaut?

Das Leben ist ein Geschenk. Es will gelebt werden. Es hat ganz bestimmt seine Vorteile, innerhalb einer Komfortzone zu sein, aber denken Sie an die Metapher mit dem Schiff: Es wurde nicht gebaut, um im Hafen zu bleiben. Ihre Aufgabe ist es, sich weiterzuentwickeln, jeden Tag Neues zu entdecken und irgendwann stolz auf die Fülle Ihrer Erfahrungen zurückzublicken. Das heißt nicht, dass Sie Ihre Komfortzone vollkommen hinter sich lassen sollen. Es geht darum, sie zu erweitern!

Lassen Sie uns in Gedanken zurück zum Ursprung gehen: In erster Linie sind Sie ein Mensch. Sie sind nicht der Bürger einer bestimmten Nation, haben keinen angeborenen Beruf, haben keine ethnische oder politische Zugehörigkeit und werden nicht mit einer fertig errichteten Komfortzone geboren. All das sind Dinge, die sich erst im Laufe Ihres Lebens entwickeln. Doch bevor das alles passiert, sind Sie ein Kind der Natur. Das ist kein esoterischer Aberglaube, sondern eine Tatsache. Grenzen und Nationen sind Erfindungen der Menschen. Berufe sind nichts anderes als Aufgabenzuteilungen für ein gesellschaftliches System, das im Laufe der Zeit entwickelt wurde. »Rassen« sind ein Hirngespinst und politische Lager entspringen den unterschiedlichen Entwicklungspfaden verschiedener Menschen. Das einzig Wirkliche und nicht im Nachhinein Erfundene ist die Tatsache, dass Sie ein Kind der Natur sind. Sie haben einen natürlichen Anspruch darauf, überall auf der Welt zu Hause zu sein und sich an allem bereichern zu dürfen, was die Erde zu bieten hat. Diesen Gedanken in Betracht ziehend, stellen wir fest, dass die ganze Welt Ihre Komfortzone ist. Das ist die Theorie. In der Praxis sieht es so aus, dass Ihre Komfortzone sehr eingeschränkt ist und das liegt an den von den Menschen erschaffenen Faktoren und Umständen. Ihre Komfortzone wurde künstlich geschrumpft und Ihre Aufgabe ist es, sie wieder auszuweiten.

Es ist nichts Unnatürliches, seine Komfortzone zu verlassen und zu erweitern, ganz im Gegenteil. Genau genommen ist es etwas Natürliches und das ist der Grund, warum Sie keine Angst davor haben müssen. Angst ist der entscheidende Faktor, der Menschen daran hindert, den Sicherheitsbereich zu verlassen oder zu erweitern. Um ihn zu erweitern, müssen Sie ihn jedoch zwangsläufig verlassen. Sie können es sich bildlich vorstellen, wie eine territoriale Eroberung. Doch wie genau sieht diese Erweiterung aus? Was müssen Sie tun, um das sichere Nest zu verlassen und es auszuweiten?

Prinzipiell geht es darum, alle für Sie förderlichen Dinge zu unternehmen, die Sie aktuell meiden. Durchbrechen Sie Routinen und sammeln Sie neue Erfahrungen. Lernen Sie neue Menschen kennen und schließen Sie Freundschaften. Probieren Sie neue Freizeitaktivitäten aus. Verreisen Sie! Versuchen Sie, so viele verschiedene Orte wie möglich zu sehen. Probieren Sie einen neuen Kleidungsstil aus und gehen Sie in Restaurants, die Sie zuvor nie besucht haben. Setzen Sie sich mit fremdländischen Kulturen auseinander und bilden Sie sich weiter. Erweitern Sie Ihren Lebens- und Einflussbereich. Greifen Sie nach allem, was bisher außerhalb Ihrer Reichweite lag und beginnen Sie, Spaß daran zu haben. Dabei lassen Sie Altes und Bewährtes nicht zurück, sondern nehmen es überall mit hin. Sie verschieben Ihre Komfortzone nicht, sondern vergrößern sie!

Die meisten Menschen haben Angst davor, die Komfortzone zu verlassen, da es mit Risiken verbunden ist. Tatsache ist jedoch, dass die meisten positiven Fortschritte im Leben mit Risiken verbunden sind. Wer springt, kann fallen, das ist richtig. Wer nicht springt, wird jedoch niemals vom Fleck kommen. Außerdem ist es nichts Schlimmes, zu fallen. Sie lernen dadurch, wieder aufzustehen und es beim nächsten Mal richtig zu machen. Ich möchte Sie an dieser Stelle bitten, das Buch kurz beiseite zu legen und sich Gedanken darüber zu machen, mit welchen konkreten Mitteln Sie Ihre Komfortzone erweitern könnten. Machen Sie eine Auflistung in Ihren Gedanken oder schreiben Sie sie sogar auf.

Haben Sie sich ein paar Sachen überlegt? Gut. Ideal ist es, wenn Ihnen mindestens zwei oder drei Dinge eingefallen sind, die Sie tun könnten, um den sicheren Hafen zu verlassen. Wenn Sie an etwas außerhalb Ihrer Komfortzone denken, dann liegt es in der Natur der Sache, dass Sie sich bei dem Gedanken unwohl fühlen oder sogar Angst haben. Das ist völlig normal. Ich möchte Sie bitten, eine kleine Pro- und Kontra-Argumentation vorzunehmen. Fragen Sie sich, was im schlimmsten Fall passieren könnte, wenn Sie etwas Neues ausprobieren. Seien Sie ehrlich und realistisch und führen Sie sich vor Augen, was schiefgehen könnte. In der Regel werden Sie feststellen, dass Sie keine schwerwiegenden Konsequenzen erwarten. Nun denken Sie an das Gegenteil: Welche positiven Effekte könnte es haben, wenn Sie die Komfortzone verlassen, um sie zu erweitern? Denken Sie daran, dass Sie mutiger werden, Ihr Selbstbewusstsein stärken, Ihre Lebensqualität verbessern, zufriedener werden und mehr Spaß am Leben haben. Von nun an sollten Sie immer eine kleine Pro- und Kontra-Liste in Ihrem Kopf anlegen, wenn Sie darüber nachdenken, Ihre Komfortzone um ein Stück zu erweitern.

Wichtig ist auch, dass Sie, nachdem Sie erfolgreich einen Schritt nach vorne gemacht haben, Ihren Erfolg anerkennen. Sagen Sie sich, dass es gut war, mutig zu sein und die Komfortzone zu verlassen. Führen Sie sich vor Augen, inwiefern Sie sie erweitert haben und belohnen Sie sich. So werden Sie motiviert sein und riesige Freude daran haben, die Welt für sich zu erobern.

Denken Sie immer daran, dass das Leben ein Geschenk ist. Es will genossen werden. Wir wissen nicht genau, was der Sinn dahinter ist, doch es ist unsere Aufgabe, es herauszufinden. Damit werden wir uns im Folgenden intensiver befassen.

13)
Der wahre Sinn Ihres Lebens

Wenn Menschen sich mit der persönlichen Entwicklung auseinandersetzen und plötzlich mit all den Wahrheiten, Glaubenssätzen und Ideen rund um ihre verschiedenen Bereiche konfrontiert werden, beginnen sie, ihren Gedanken mehr Tiefe zu verleihen. Sie durchdringen die Oberfläche, hinterfragen bestehende Denkmuster und fragen sich, was überhaupt der Sinn hinter dem Ganzen ist. Und genau an diesem Punkt erreichen sie die berühmte Sinnfrage: Was ist der Sinn des Lebens? Über kaum eine andere Frage wird so heiß debattiert und kaum eine andere Frage lässt so viel Spielraum für Vermutungen und Interpretationen. Doch was ist die Wahrheit dahinter? Was ist der wirkliche Sinn des Lebens?

Ich selbst habe mir diese Frage sehr lange gestellt und es gab eine Phase, in der ich höchst engagiert war. Ich hatte mir geschworen, die Wahrheit herauszufinden und machte mich daran, alle verfügbaren Informationsquellen zu Rate zu ziehen. Also beschäftige ich mich mit allen möglichen Ansichten, Methoden und Herangehensweisen. Ich studierte die Sichtweisen der Wissenschaft, der verschiedenen Religionen, ja sogar diverserer »Sekten« und

Geheimbünde. Nach ein paar Jahren entdeckte ich tatsächlich eine wichtige Wahrheit. Es war nicht die Wahrheit, nach der ich ursprünglich gesucht hatte, aber dafür eine andere universelle Wahrheit, die alle Menschen betrifft: Ich fand heraus, dass ich nicht herausfinden möchte, was der Sinn des Lebens ist. Das ist verwirrend, ich weiß. Lassen Sie mich Ihnen erklären, was ich damit meine:

Die Frage nach unserem Ursprung und nach der Intention hinter unserem Leben ist eine treibende Kraft, die uns motiviert. Sie bringt die Menschen dazu, sich weiterzuentwickeln und über sich hinauszuwachsen, damit diese alles umfassende Frage beantwortet werden kann. Die Weiterentwicklung des Menschen erlebt ein exponentielles Wachstum und wir können mit Sicherheit sagen, dass die menschliche Wissbegierde dafür ausschlaggebend ist. Was würde also passieren, wenn wir eine Antwort auf die Frage aller Fragen finden würden? Wie würden die Menschen darauf reagieren? Würde uns die Wahrheit gefallen? Und woher würden wir nun Energie schöpfen, um uns weiterzuentwickeln? Was wäre der Anreiz, um weiterzumachen, wenn die wichtigste aller Fragen beantwortet wäre?
Wenn das höchste Ziel erreicht ist, gibt es keine weiteren Ziele, die erreicht werden wollen. Es gäbe keine Motivation mehr. Gesellschaften, Religionen und Gemeinschaften würden auseinanderbrechen, denn alle, die ihr Leben lang an das »Falsche« geglaubt hatten, würden ihren Glauben fallenlassen.

Die Wahrheit ist also, dass es gut ist, den »wahren« Sinn des Lebens nicht zu kennen. Was können wir stattdessen tun? Halten Sie sich fest, denn jetzt kommt eine weitere verwirrende Antwort: Wir suchen weiter nach ihm!

Vielleicht halten Sie mich nun für verrückt, aber geben Sie mir bitte die Gelegenheit, auch diesen Gedanken zu erläutern: Das, was unser Leben wunderbar macht, ist unter anderem die Weiterentwicklung der eigenen Persönlichkeit. Jeden Tag etwas Neues zu entdecken und immer besser im Leben zu werden, macht nicht nur Spaß, sondern garantiert uns auch Glück, Zufriedenheit und Erfolg. Es ist das Verlangen nach Größerem, das uns Energie verleiht. Es ist die Frage nach dem Sinn, die uns die Kraft gibt, immer weiterzumachen und der beste Mensch zu werden, der wir sein können. Vielleicht ist es so, dass wir niemals die »Wahrheit« herausfinden werden, aber nach ihr zu suchen, macht uns zu besseren und glücklicheren Menschen. Je weiter wir uns bilden und je weiter wir in unseren Fähigkeiten fortschreiten, desto mehr Freude haben wir am Leben. Wenn wir Lebensqualität dadurch erlangen, dass wir nach dem Sinn des Lebens suchen, dann sollten wir nicht mit der Suche aufhören. Auch wenn wir wissen, dass wir die Antwort eigentlich nicht finden wollen. Im Klartext heißt das: Es ist besser, einen Weg zu gehen, der irgendwann endet, als immer nur an einer Stelle zu stehen.

Dass wir noch keinen universellen Sinn des Lebens gefunden haben und vermutlich auch niemals finden werden, heißt nicht, dass Sie den Sinn Ihres eigenen Lebens nicht finden können. Meiner Meinung nach entscheiden wir selbst, was der Sinn unseres Lebens ist. Das Leben ist ein Geschenk und wenn man schon nicht weiß, wofür genau es gut ist, so kann man doch wenigstens Spaß damit haben, oder? In der Theorie ist die Sache recht simpel: Alle positiven Emotionen machen Spaß und Freude. Alle negativen Emotionen bereiten uns Kummer und erschweren unser Dasein. Wir können also festhalten, dass es erstrebenswert ist, sein Leben auf alle positiven Emotionen und Dinge dieser Welt auszurichten.

Es ist wichtig, sich klare Ziele zu setzen. Was möchten Sie in Ihrem Leben schaffen? Stellen Sie sich Ihr Leben als Weg vor: Sich zu bewegen, ist besser als bloß stehenzubleiben. Sich ziellos fortzubewegen, ist jedoch auch nicht sehr hilfreich. Für Ihren persönlichen Erfolg ist es entscheidend, dass Sie klare Vorstellungen davon haben, was Sie erreichen möchten. Auf diese Weise setzen Sie Ihre Ressourcen optimal ein und schaffen all das, was Sie sich vornehmen. Setzen Sie sich Ziele in allen möglichen Bereichen: Soziale Bindungen, persönliche Weiterentwicklung, Karriereziele, usw.
Machen Sie Pläne und geben Sie sich Aufgaben, die Sie auf Ihrem Weg vorwärts bringen. Sehen Sie es als sinnvoll an, sich weiterzuentwickeln.

Damit Sie eine klarere Vorstellung davon bekommen, wie man seinen eigenen Sinn des Lebens formuliert, möchte ich mit gutem Beispiel vorangehen und Ihnen verraten, was für mich der Sinn des Lebens ist. Für mich ist der Sinn des Lebens, in meiner Entwicklung so weit wie möglich zu kommen. Ich möchte jeden Tag optimal nutzen, um so viel Schönes wie möglich zu erleben, um mich so weit wie möglich zu bilden und so viel Wertvolles wie möglich zu schaffen. Dabei fühle ich mich nicht gehetzt oder getrieben, sondern motiviert. Ich habe für mich einen Sinn formuliert, der unendlich ist und mir deshalb unendliche Kraft und Motivation spendet. Nun sind Sie dran: Was ist für Sie der Sinn des Lebens? Was möchten Sie aus Ihrem Leben machen?

Von Tag zu Tag zu leben und nicht genau zu wissen, was man eigentlich macht, gehört zu den größten Ursachen für Unzufriedenheit. Viele Menschen haben sich noch nie wirklich damit auseinandergesetzt, was sie in ihrer kostbaren Lebenszeit erreichen möchten und deshalb fühlen sie sich unvollständig. Sie befinden sich in einer Art Schwebe, in der sie noch unschlüssig sind, was sie tun sollen. Unterbewusst wissen sie ganz genau, dass ihre Lebenszeit begrenzt ist, aber bewusst haben sie das Gefühl, noch nicht zu wissen, in was sie ihre Ressourcen investieren sollen.

Damit Sie herausfinden, was Sie wirklich glücklich macht und worin Sie Ihre Lebenszeit und Ihre anderen Ressourcen investieren wollen, müssen Sie neugieriger und abenteuerlustiger werden. Beschäftigen Sie sich intensiv mit den Grundsätzen des Glücks und probieren Sie möglichst Vieles von dem aus, was Sie in diesem Buch lesen. Das ist zwar nicht Lösung für alle Probleme und nicht die Antwort auf alle Fragen, aber eine sehr solide Grundlage, die Ihnen dabei hilft, zu erkennen, was wirklich wichtig ist.

14)
Was wir wirklich besitzen (und was nicht)

Wir Menschen haben über die letzten Jahrtausende eine bemerkenswerte Entwicklung zurückgelegt, was jedoch nicht zwingend bedeutet, dass aus dieser Entwicklung nur Positives hervorgegangen ist. Besonders interessant wird es, wenn man sich einmal genau anschaut, wie sich das Prinzip des Überlebens entwickelt hat. Während unsere Vorfahren vor einigen tausend Jahren in der Wildnis lebten und täglich einen Überlebenskampf gegen wilde Tiere und die Natur ausfochten, haben wir inzwischen gänzlich andere Probleme, die unsere Existenz jedoch nicht weniger bedrohen. Für uns geht es jeden Tag aufs Neue darum, Geld zu verdienen, damit wir einen Ort zum Wohnen, Nahrung, Wasser und die sonstige Versorgung haben, die wir zum Leben brauchen. Anstatt unser Gemüse selbst anzubauen, gehen wir für Geld arbeiten, damit wir Gemüse kaufen können. Anstatt Tiere zu jagen, gehen wir für Geld arbeiten, damit wir uns Fleisch kaufen können. Und anstatt uns eine Hütte oder ein Haus zu bauen, gehen wir für Geld arbeiten, um uns ein Haus oder eine Wohnung zu mieten oder zu kaufen. Unsere gesamte Existenz dreht sich darum, Geld zu verdienen.

Verstehen Sie mich bitte nicht falsch: Das Konzept einer einheitlichen Währung ist eigentlich ein intelligenter und sinnvoller Ansatz, der den Menschen dabei geholfen hat, ihre Zivilisation aufzubauen. Das Problem daran ist der Stellenwert, den wir dieser Währung geben und was wir daraus gemacht haben. Wir leben in einer Gesellschaft, in der Menschen anhand ihres Besitzes bewertet werden. Die Massenmedien propagieren, das große Glück läge darin, viel Geld zu besitzen und sich damit möglichst viel materiellen Besitz zu kaufen. Wer viel besitzt, steht im Mittelpunkt des Lebens. Wer nur wenig hat, steht am Rand und muss entweder zuschauen oder sich mehr Mühe geben, um an den »Freuden« des Lebens teilhaben zu können. Diese Regel gilt jedoch nur, wenn man dem materiellen Besitz die höchste Priorität zuschreibt. Wer versteht, dass das Leben aus wesentlich mehr als Geld besteht und dass Geld nur ein hilfreiches Werkzeug ist, der kann auch ganz ohne weltlichen Besitz glücklich sein!

Sehen wir uns mal die Fakten an: Wir betreten diese Welt mit nichts. Wir erreichen das Leben nackt und ohne jeglichen Besitz. Anschließend verlassen wir das Leben wieder mit nichts. Wir nehmen keine Besitztümer mit, nicht einmal unseren Körper. Ist es da nicht töricht, zu glauben, dass wir zwischen diesen beiden Ereignissen wirklich etwas »besitzen« können? Der Apple-Gründer Steve Jobs soll einmal gesagt haben, dass es für ihn keine Bedeutung habe, der reichste Mann auf dem Friedhof zu sein. Obwohl er einer der finanziell wohlhabendsten Menschen auf dem Planeten war, hatte er verstanden, dass der wahre Reichtum nicht in seinem Geld lag.

Geld ist nichts Schlechtes. Geld kann sehr hilfreich sein, wenn es darum geht, ein sorgenfreies und ausgeglichenes Leben zu führen. Wenn man sein Leben jedoch der Aufgabe verschreibt, möglichst viel Geld zu verdienen, steht man seinem wahren Glück und Wohlbefinden im Weg. Ich habe im Laufe meines Lebens schon viele sehr wohlhabende Menschen kennengelernt. Die meisten von ihnen sind einsam und unglücklich. Das ist übrigens kein altmodischer Stereotyp, sondern lässt sich ganz logisch erklären: Die meisten Menschen, die überdurchschnittlich viel Geld besitzen, arbeiten überdurchschnittlich viel. Die logische Konsequenz ist, dass sie weniger Zeit dafür haben, soziale Kontakte zu pflegen oder einfach mal etwas zu tun, das Spaß macht und nicht mit der Ernsthaftigkeit der Geschäftswelt verbunden ist.

Viel Geld zu besitzen, bringt uns im Grunde nichts. Solange wir genügend Geld haben, um unseren Lebensunterhalt zu sichern und unsere Grundbedürfnisse zu finanzieren, sind alle Voraussetzungen für ein glückliches und zufriedenes Leben erfüllt. Die Gier nach dem Geld ist schädlich und bringt keine positiven Resultate hervor. Es gibt viele Menschen, die so viel Geld besitzen, dass sie es überhaupt nicht ausgeben können, ganz gleich, wie viel materiellen Besitz sie sich kaufen. Dennoch sind sie nicht bereit, davon etwas abzugeben, um Menschen in Not zu helfen. Eine Oxfam-Studie von 2016 besagt, dass 62 sogenannte »Superreiche« so viel Geld besitzen wie die Hälfte der Weltbevölkerung. Einfach ausgedrückt heißt das: 62 Menschen verfügen über so viel Geld wie 3,6 Milliarden (!) andere. Einige dieser »Superreichen« geben monatlich mehr Geld für Autos, Schmuck oder andere Besitztümer aus, als ein durchschnittlicher Arbeiter in Europa in seinem ganzen Leben verdient. Sie tun das, obwohl sie genau wissen, dass es mehrere Milliarden Menschen gibt, die Hunger leiden, keine Unterkunft haben und dringend medizinische Versorgung brauchen. Die Gier nach dem Geld lässt Menschen im wahrsten Sinne des Wortes über Leichen gehen.

Für Geld werden Kriege geführt. Es werden Kriege geführt, weil Menschen glauben, territoriale Ansprüche zu haben. Menschen sterben, weil andere Menschen glauben, etwas besitzen zu können und ihre Gier nicht in den Griff bekommen. Wenn man das Ganze aus dieser Perspektive betrachtet, wird deutlich, dass der zwanghafte Wunsch nach materiellem Besitz nicht nur lächerlich, sondern vor allem gefährlich ist. Viele Menschen denken bei dem Begriff »Erfolg« sofort an Geld und Besitztümer. Es ist für sie das höchste Ziel, möglichst viel Geld zu verdienen. Das macht sie zwar nicht zu schlechten Menschen, aber führt sie weg vom wahren Glück und Erfolg.

Wann immer Sie das Gefühl haben, mehr besitzen zu wollen oder zu müssen, sollten Sie sich die Frage stellen, ob das, was Sie sich wünschen, wirklich die Mühe und den Preis wert ist. Viele Menschen verpassen ihr ganzes Leben, während sie damit beschäftigt sind, Geld zu verdienen. Die grausame Ironie ist, dass sie am Ende nichts erlebt haben und nichts von ihrem Geld mitnehmen. Sie haben gelebt, um einen endlichen Zweck zu erfüllen. Fragen Sie sich, ob Sie das auch möchten.

Je weniger Sie besitzen, desto leichter ist Ihr Leben. Der Begriff »Minimalismus« ist in den letzten Jahren wieder populärer geworden. Immer mehr Menschen verstehen, dass wahrer Reichtum in wenigen kostbaren Dingen liegt und nicht in zahlreichen teuren. Im dritten Kapitel dieses Buches habe ich Ihnen empfohlen, den wahren Anreiz in Ihrem Job zu finden. Nicht das Geld, sondern die Aufgabe und den tieferen Sinn dahinter. Das liegt daran, dass Geld niemals so erfüllend sein kann wie das gute Gewissen, etwas Sinnvolles zu tun, das Ihnen und Ihren Mitmenschen nützlich ist. Je weniger Ihrer kostbaren Lebenszeit Sie dafür verwenden, Geld zu verdienen und damit Besitztümer zu kaufen, desto mehr Zeit steht Ihnen zur Verfügung, um das Leben in vollen Zügen zu genießen. Pflegen Sie Beziehungen zu Ihren Mitmenschen, entdecken Sie die Welt und entwickeln Sie sich weiter. All das macht Sie glücklicher als jeder finanzielle Wohlstand es jemals könnte.

15)
Jedes Leben ist kostbar

Das Verständnis der Tatsache, dass Ihr Leben und die damit verbundene Zeit unschätzbar wertvoll sind, ist eine Grundvoraussetzung, um nachhaltig glücklicher, zufriedener und erfolgreicher zu werden. Doch es ist nicht nur Ihr eigenes Leben, das unendlich kostbar ist, sondern jedes einzelne, das es gibt!

Zu Beginn dieses Kapitel möchte ich darauf hinweisen, dass die folgenden Zeilen keine esoterischen Ausführungen sein sollen. Ebenso wenig ist das hier eine Aufforderung zum veganen oder vegetarischen Lebensstil. Ich möchte Ihnen einfach alternative Sichtweisen auf das Leben vorstellen, die losgelöst sind von menschlicher Zivilisation, der modernen Gesellschaft und dem Bedürfnis, »reich« zu werden und möglichst viel Erfolg zu haben.

Die meisten Menschen haben ihre Verbundenheit zur Natur verloren. Viele von uns betreten nur wenige Male in ihrem Leben einen Wald, ein offenes Feld oder einen Strand. Spaziergänge sind eine Seltenheit geworden und wenn, dann finden sie häufig in einem städtischen Umfeld statt, da unsere modernen Städte dicht besiedelt und bis auf den letzten Quadrat-

meter zugebaut sind. Wann haben Sie zuletzt einen Ausflug in die Natur gemacht? Oder einen ausgiebigen Spaziergang außerhalb der Stadt? Ist es schon länger her?
Wie wir bereits besprochen haben, sind wir in erster Linie Kinder dieser Welt. Unabhängig von Ländern, Rassen und Regierungen sind wir ein Teil der Erde. Unser Körper besteht aus Bestandteilen der Erde und nach unserem Tod kehrt er zu ihr zurück. Folglich haben wir zu jedem Zeitpunkt unseres Lebens und darüber hinaus eine feste Verbindung zur Natur. Alles um uns herum lebt. Vom Grashalm, über das kleinste Insekt, bis hin zum größten Elefanten und der mächtigsten Eiche: All das teilt mit uns die große Gemeinsamkeit des Lebens. Deswegen fühlen wir uns auf natürliche Weise von all diesen Dingen angezogen. Haben Sie jemals einen Ausflug in die Natur nicht genossen? Haben Sie jemals einen Blick über weite Landschaften geworfen und waren nicht beeindruckt von dem, was Sie sahen? Ist es angesichts dieser simplen Tatsache nicht traurig, dass wir unsere Verbundenheit zur Natur verlieren? Wir Menschen pflastern jeden verfügbaren Quadratmeter natürlichen Bodens mit Beton zu, verbrauchen begrenzte Ressourcen, ohne uns gründlich genug um die Erneuerung und Nachhaltigkeit zu kümmern und verschmutzen die Erde. Und jedes Mal, wenn Menschen sich gruppieren, um kollektiv etwas dagegen zu unternehmen, werden sie als »Ökos« oder »Spinner« bezeichnet. Doch welcher Mensch ist eigentlich der dümmere? Der, der seinen natürlichen Lebensraum zerstört, weil er sich einbildet, er könnte in seiner

begrenzten Lebenszeit tatsächlich etwas »besitzen« oder der, der seinen natürlichen Lebensraum erhalten und wertschätzen möchte, damit wir unkompliziert und glücklich leben können und dasselbe Privileg unseren Nachkommen garantieren?

Tief in unserem Innern ist das Bewusstsein darüber verankert, dass wir ein Teil der Natur sind. Wir sehnen uns nach ihr. Die Bestätigung dafür finden Sie immer dann, wenn Sie einen Ausflug ins Freie unternehmen, wo möglichst wenig »Zivilisation« stattgefunden hat. Sie können diese Erkenntnis gerne nutzen, um einen Selbstversuch zu starten: Legen Sie einen Versuchszeitraum fest. Innerhalb dieses Zeitraums achten Sie verstärkt darauf, mehr Zeit in möglichst natürlicher Umgebung zu verbringen. Stadtparks, Wälder, Felder am Stadtrand oder vielleicht sogar an einem Strand, wenn sich die Möglichkeit bietet. Sie werden feststellen, dass sich dort Ihre Laune verbessert, Sie glücklicher werden und vor allem, dass Sie mehr Wertschätzung für das Leben empfinden. Garantiert! Probieren Sie es aus und überzeugen Sie sich selbst. Wer glücklich sein möchte, muss die Negativität um sich herum loswerden und sich mit dem Schönen des Lebens umgeben. Was bietet sich da Besseres an als die Schönheit und Reinheit der Natur? Suchen Sie sich Orte, an denen Sie frei und unbeschwert sein können. Genießen Sie das facettenreiche Leben um sich herum und erfreuen Sie sich an der endlosen Vielfalt, die Sie an beinahe jedem Ort finden können.

Wir Menschen haben nicht nur den Bezug zur Natur verloren, sondern haben auch den Glauben entwickelt, das menschliche Leben sei das einzig relevante auf diesem Planeten. Wir schlachten mehr Tiere als wir essen können, glauben daran, Tiere wie Spielzeuge »besitzen« zu können und töten willkürlich anderes Leben. Mal wird eine Spinne erschlagen, weil sie »eklig« oder »hässlich« ist und kurz darauf wird eine Biene getötet, weil sie einen Stachel hat und somit potenziell gefährlich sein könnte. Das ist in unserer modernen Gesellschaft vollkommen selbstverständlich und eine anerkannte Verhaltensweise. Vielleicht verstehen Sie, was ich damit zum Ausdruck bringen möchte. Vielleicht belächeln Sie mich aber auch wegen dieser Sichtweise. Falls letzteres zutrifft, möchte ich Sie Folgendes fragen: Was glauben Sie, wie viel Respekt ein Mensch unterbewusst vor seinem eigenen Leben hat, wenn er das Leben im Allgemeinen nicht wertschätzt?

Wer nachhaltig glücklich sein möchte, braucht ein hohes Selbstwertgefühl. Man muss das Leben lieben, um es maximal genießen zu können. Dazu gehört auch, sich mit dem Ursprung des Lebens zu beschäftigen und eine Wertschätzung für alles Lebende zu entwickeln, nicht nur für sich selbst. Viele Menschen fürchten bei dieser Argumentation, nun kein Fleisch mehr essen zu dürfen. Doch das ist nicht gesagt! Es gehört zur menschlichen Natur, Fleisch zu konsumieren. Allerdings ist das, was wir Menschen tun, fernab von jeder vernünftigen und bewussten Ernährung. Unsere Vorfahren töteten, um zu überleben. In vielen

Kulturen werden sogar heute noch Gebete dafür gesprochen, dass ein Leben genommen wird, um andere zu ernähren. Der Großteil der Menschen kauft sein Fleisch jedoch aus grausamer Massentierhaltung und wirft weg, was nicht mehr gebraucht wird. Was für unsere moderne Gesellschaft ganz normal ist, ist eigentlich respektlos gegenüber dem Wunder des Lebens. Das ist keine Wertung, sondern eine Feststellung. Eine Wertung ist es, wenn ein Großteil der Gesellschaft jene Menschen als »Spinner« bezeichnet, die sich dafür einsetzen, dass wir alle ein vernünftigeres Bewusstsein dafür entwickeln, woher unser täglich Fleisch kommt und wie viel Leid verursacht wird, nur damit wir morgens etwas Salami auf dem Teller haben.

Das Leben ist kostbar und wunderbar. Die Wertschätzung dafür sollte jedoch nicht allein auf den Menschen bezogen werden. Jedes Leben ist kostbar und sobald wir diese Tatsache anerkennen, entwickeln wir einen völlig anderen, viel schöneren Blick auf das Leben. Wir finden unseren Bezug zur Natur wieder, schließen Freundschaften mit Lebewesen jeglicher Art und fangen an, unsere Mitmenschen nicht nur als Personen zu sehen, sondern sie als spirituelle Wesen und Wunder des Lebens anzuerkennen.

Dieses Kapitel ist wahrscheinlich das mit dem stärksten Hauch von Esoterik und Spiritualität im gesamten Buch. Auch, wenn die angesprochenen Punkte für Sie ungewohnt sein sollten, ist es die Sache trotzdem wert, sich ein paar eigene Gedanken darüber zu machen. Am Ende ist es egal, wie Sie mögliche Sichtweisen drehen und wenden: Es führt kein Weg an der Tatsache vorbei, dass auch Sie ein fester Bestandteil der Natur sind und dass auch Ihr persönliches Glück darin liegt, mit allem Leben in Einklang zu kommen.

16)
Wie Sie Ihr Leben nach Belieben formen

Die menschliche Psyche ist tief und unergründlich. Seit Jahrtausenden wird sie von uns erforscht und obwohl wir täglich etwas Neues herausfinden, stehen wir doch noch immer vor unzähligen Rätseln. Das bedeutet jedoch nicht, dass wir nützliche Funktionen unserer Psyche, unseres Bewusstseins und unseres Unterbewusstseins nicht hilfreich einsetzen können. Wir haben die Fähigkeit, unsere eigene Realität zu erschaffen und werden uns nun genauer ansehen, wie das für Sie von Vorteil sein kann.

Unser Unterbewusstsein ist mächtig, aber neutral. Es kann nicht zwischen positiv oder negativ, richtig oder falsch unterscheiden. Es nimmt auf, was das Bewusstsein am intensivsten denkt und verleitet uns dazu, alles Nötige zu tun, damit dieser Gedanke in unserem Leben verwirklicht wird. Wenn Sie zum Beispiel glauben, einen schlechten Tag und Pech zu haben, dann ziehen Sie negative Ereignisse scheinbar magnetisch an. Das ist kein Zufall: Sie denken bewusst, einen furchtbaren Tag zu haben, übertragen diesen Gedanken an Ihr Unterbewusstsein und dieses lässt Sie nur noch auf negative Dinge achten. Durch

Ihre selektive Wahrnehmung blenden Sie alles Positive um sich herum aus, da Sie schließlich nur auf Negatives achten. Die Schlussfolgerung ist, dass Sie sich in Ihrer ursprünglichen Theorie bestätigt fühlen und behaupten, das Leben sei ungerecht zu Ihnen. Es ist ein simples Prinzip, das wirklich funktioniert und wie Sie erkennen, kann das sowohl positive als auch negative Konsequenzen nach sich ziehen.

Es ist möglich, an alles zu glauben. Alles kann für uns Menschen zur Realität werden. So, wie Sie und ich daran glauben, dass die Erde um die Sonne kreist, können Sie auch daran glauben, dass Hasen die Welt regieren. Die Voraussetzung dafür ist, dass Sie sich dies ständig einreden und nach Möglichkeit Argumente finden, die Ihre Theorie untermauern. So ist es möglich, dass es Menschen gibt, die andere ermorden und der Meinung sind, das Richtige zu tun. Denken Sie einmal daran, wie weit die Religionskriege zurückreichen. Auch diese basieren darauf, dass verschiedene Gruppierungen an unterschiedliche Wahrheiten glauben. Dabei ist jeder überzeugt, sein Glaube sei der einzig wahre.
Ein weiteres Beispiel sind Kindersoldaten. Sie sind brutal, skrupellos und haben kein moralisches Wertempfinden. Das liegt daran, dass ihnen mithilfe propagandistischer Lehren beigebracht wird, Gewalt sei der einzige Weg zu wahrem Erfolg. Obwohl sie grausam handeln, glauben sie, das Richtige zu tun.

Wie Sie an solchen Extrembeispielen erkennen können, kann jeder Glaube so stark ausgeprägt werden, dass er zur Hauptüberzeugung eines Menschen wird. Das muss jedoch nicht immer schlecht sein. Wenn wir lernen, unser Unterbewusstsein auf das Positive im Leben auszurichten, können wir Glück, wahren Reichtum, Zufriedenheit und Erfolg zu unserer Realität werden lassen.

Vor vielen Jahren stieß ich zum ersten Mal auf die Arbeit des amerikanischen Psychologen Dr. Joseph Murphy. Er verstand es wie kein Zweiter, die unendliche Tiefe und die Funktionen unseres Unterbewusstseins zu beschreiben. Von ihm lernen wir, dass das Unterbewusstsein programmierbar ist. Wenn wir unser aktives, also bewusstes Denken bewusst positiv gestalten und uns bewusst von negativen Einflüssen fernhalten, wird das Unterbewusstsein nur mit produktiven und hilfreichen Anstößen gefüttert. Das Ergebnis ist, dass in unserem Leben wünschenswerte Ereignisse stattfinden. Die Macht des Unterbewusstseins ist so stark, dass manche Menschen es sogar schon geschafft haben, mit ihrem unerschütterlichen Glauben Krankheiten zu heilen, die von Medizinern als unheilbar diagnostiziert wurden. Für solche Fälle hat die moderne Medizin noch keine Erklärung.

Sie können sich die unendliche Stärke Ihres Unterbewusstseins zu Nutze machen, indem Sie Ihr Verhalten und Ihren Alltag so umstrukturieren, dass Sie möglichst viele negativen Emotionen und Einflüsse ausgrenzen. Dabei ist es wichtig, dass Sie nicht die stressigen oder ärgerlichen Aspekte des alltäglichen

Lebens »überspielen«, sondern an Ihrer innerlichen Einstellung arbeiten. Denken Sie zurück an unsere Metapher mit dem kleinen Boot im großen Ozean. Wenn Sie es schaffen, die volle Macht über Ihren Einflussbereich zu übernehmen und alle negativen Einflüsse abperlen zu lassen, werden Ihre Gedanken automatisch positiver und glücklicher sein. An dieser Stelle möchte ich Ihnen einen kleinen Selbstversuch vorschlagen: Führen Sie einen Tag lang einen Notizzettel oder ein kleines Notizbuch mit sich und machen Sie jedes Mal einen Strich darauf, wenn Sie sich ärgern, gestresst fühlen, etwas Negatives von jemand anderem hören oder selbst etwas Negatives äußern. Auch, wenn ich Sie nicht persönlich kenne, kann ich Ihnen versichern, dass Sie überrascht sein werden, wenn Sie am Abend die Gesamtzahl der Striche sehen. Dieses kleine Experiment verdeutlicht, wie viel Potenzial zur »Verbesserung« unserer Gedanken es gibt und vor allem, wie viele schädliche Einflüsse jeden Tag auf uns und unser Unterbewusstsein einwirken.

Sie können Ihre Gedanken auf Glück und Erfolg programmieren, indem Sie sich immer wieder wertvolle und gewinnbringende Glaubenssätze sagen oder denken. Das läuft in etwa so wie beim Lernen von Vokabeln: Sie sagen etwas immer wieder in Ihrem Kopf auf, bis Sie es sich gänzlich eingeprägt haben. Diese Methode hat sich zum Beispiel bei der Anwendung Neuro-Linguistischer Programmierung (»NLP«) bewährt. Sie überschreiben alte Denkmuster mit neuen Glaubenssätzen. Das Prinzip ist recht simpel, aber sehr effektiv. Im Folgenden gebe ich Ihnen ein paar beliebte Beispiele für Glaubenssätze, die Sie regelmäßig wiederholen können, um Ihr Unterbewusstsein zu programmieren:

- »Ich bin gesund, frei und glücklich.«
- »Ich bin selbstbewusst, stark und zuversichtlich.«
- »Ich bin ein erfolgreicher Mensch und stolz auf meine Leistungen.«
- »Ich bin der Schöpfer meiner Realität.«
- »Ich lasse mich nicht durch negative Glaubenssätze einschränken.«

Dies sind nur wenige Beispiele für starke Glaubenssätze. Sie können ganz leicht Ihre eigenen festlegen. Wichtig ist dabei jedoch, dass ein Glaubenssatz eine feste Aussage ist, die einen absoluten Zustand beschreibt. Sie sollten sich also nicht sagen, dass Sie selbstbewusster sein möchten, sondern dass Sie selbstbewusst sind! Je intensiver Sie an diesen Gedanken glauben, desto mehr Relevanz hat er für Ihr Unterbewusstsein. Dieses ist dann wiederum damit beschäftigt, Sie Ihrem Denken entsprechend handeln zu lassen.

Eines der größten Missverständnisse bei diesem Vorgehen ist, dass viele Kritiker glauben, es sei gemeint, dass das Unterbewusstsein selbst etwas bewirken würde. Das ist jedoch nicht so. Das Unterbewusstsein ist unsere tiefe Intelligenz und sie bringt uns (unterbewusst) dazu, so zu handeln, dass unsere stärksten Gedanken zur Wirklichkeit werden.

Die Wirksamkeit des Ganzen werden Sie erst dann verstehen können, wenn Sie es ausprobiert haben und spüren, wie sich Ihre Denkmuster positiv entwickeln und somit mehr Glück und Zufriedenheit in Ihr Leben bringen.

Denken Sie an die Eigenverantwortung. Sie können jeden Bereich Ihres Lebens selbst beeinflussen und genauso haben Sie die Möglichkeit, Ihre eigene Realität zu erschaffen. Achten Sie auf Ihre Gedanken, denn sie sind wie Wünsche, die an das Unterbewusstsein weitergegeben werden. Je positiver Sie Ihr Denken ausrichten, desto glücklicher werden Sie sein.

Wenn Sie sich intensiver mit diesem Thema beschäftigen möchten, empfehle ich Ihnen das Kompendium von Dr. Joseph Murphy mit dem Titel: »Das Erfolgsbuch«. Dies ist eine Zusammenfassung seiner wichtigsten Werke und gibt Ihnen einen umfassenden Überblick über die Funktionsweise des Unterbewusstseins.

17)
Unsere göttliche Fähigkeit

Ja, Sie haben richtig gelesen. Wir Menschen haben eine göttliche Fähigkeit! Das Christentum geht davon aus, dass Gott uns nach seinem Abbild geschaffen hat. Ob das wirklich so ist, ist eine Frage, die ich nicht beantworten kann. Es lässt sich jedoch sagen, dass an der Idee etwas Wahres ist: Wir Menschen haben eine Fähigkeit, die Gott zugesprochen wird. Wir sind Schöpfer, genauso wie Gott. Sollte er uns also nach seinem Abbild geschaffen haben, hat er uns seine Gabe geschenkt. Was bedeutet das genau?

Schauen Sie sich einmal um, egal, wo Sie gerade sind. Alles, was Sie sehen, wurde von Menschen erschaffen. Die Möbelstücke, die Gegenstände, die Häuser, Straßen, usw. Alles, was nicht zur unberührten Natur gehört, wurde von Menschenhand gemacht. Alles beginnt mit Rohstoffen und Materialien, die die Natur uns zur Verfügung stellt. Der Mensch nutzt seine Kreativität und Erfahrung, um daraus etwas zu schöpfen. Ob jede dieser Schöpfungen gut für uns oder die Umwelt ist, ist fragwürdig, aber Tatsache ist, dass jeder unserer kreativen Gedanken in die Realität umgesetzt werden kann. Sie sind genauso ein Schöpfer wie jeder andere Mensch auch. Was möchten Sie erschaffen?

Sobald Sie anerkennen und verstehen, dass keine Vorstellung unmöglich ist, beginnen Sie zu realisieren, dass Ihnen keine Grenzen gesetzt sind. Viele Menschen sind der Meinung, man könne nicht dauerhaft glücklich sein. Das Ganze sei zu schön, um wahr zu sein und nur eine Wunschvorstellung. Tatsächlich ist es das nicht. Das Leben ist, was wir daraus machen. Ihre Gedanken sind das, was Ihr Leben formt. Es gibt keinen Gedanken, der nicht in reale Tatsachen umgesetzt werden kann. Keinen! Vielleicht denken Sie jetzt daran, dass es zum Beispiel nicht möglich ist, einen kurzen Ausflug auf den Mars zu machen, um dort einkaufen zu gehen. In diesem Fall möchte ich Sie daran erinnern, welche allgemeine Weiterentwicklung der Menschen in den letzten 100 Jahren stattgefunden hat. Vor 130 Jahren war ein motorisiertes Dreirad, das in Schrittgeschwindigkeit fahren konnte, ein Meilenstein der Technik, während wir heute in Flugzeugen die gesamte Welt bereisen und mit Raumschiffen und Satelliten den Weltraum erkunden. Die unendliche Kreativität und Neugier des Menschen wird jeden noch unerfüllten Gedanken möglich machen. Es ist alles eine Frage der Zeit.

Hören Sie auf, sich zu limitieren. Glauben Sie daran, dass Sie es verdienen, ein glückliches und erfülltes Leben zu leben. Setzen Sie sich Ziele und gehen Sie fest davon aus, dass Sie diese erreichen werden. Sie haben die Fähigkeit, grenzenlos zu denken und Sie haben die Gabe des Schöpfens. Machen Sie etwas daraus!

Während sich dieses Buch in der Entstehungsphase befand, veröffentlichte ich auf der Facebook-Seite meines Blogs »Dein Fußabdruck« ein Bild, auf dem steht: »Du wurdest nicht dazu geboren, um den ganzen Tag für Geld zu arbeiten, Rechnungen zu zahlen und anderen zu gefallen. Finde heraus, was für dich wichtig ist.«
Ich war schockiert darüber, wie negativ die meisten Menschen darauf reagierten. Nicht, weil sie die Aussage nicht mochten, sondern weil sie der Meinung waren, dieser Gedanke würde nicht für ihr Leben gelten. Sie beschwerten sich darüber, dass ihr Leben genau diesem Zweck diene und dass es für sie kein Entrinnen gäbe. Dass es, unabhängig ihrer Absichten und Versuche, niemals einen anderen Ausweg geben würde. Nun frage ich Sie: Sind solche Gedanken eine hilfreiche Grundlage für ein glückliches und erfülltes Leben?

Grenzen existieren nur in unseren Gedanken. Wenn Sie ein dressiertes Pferd an einen Stuhl anbinden, wird es dort stehenbleiben, bis Sie es wieder abholen kommen. Obwohl es jederzeit fortgehen könnte! Das liegt daran, dass es gelernt hat, eingeschränkt zu sein, genau wie wir Menschen. Der Glaube daran, dass ein erfülltes Leben für uns nicht möglich ist, ist schlicht und einfach nicht richtig. Wenn Sie das nächste Mal das Gefühl haben, eingeschränkt zu sein, denken Sie an das an den Stuhl angebundene Pferd.

Wir leben in Europa und haben das Privileg, frei und unabhängig zu sein. Jeder Mensch kann sich seinen

Lebensweg aussuchen, was, mit Blick auf den Rest der Welt, nicht selbstverständlich ist. Solange Sie frei entscheiden können, wie Sie Ihr Leben gestalten, stehen Ihnen alle Türen offen. Sämtliche Limitationen sind künstlich. Denken Sie immer daran, dass Sie ein Schöpfer sind und dass Sie grenzenlose Möglichkeiten haben. Wenn es Ihnen schwerfällt, das zu glauben, dann schauen Sie sich um. Sie werden zahlreiche Beweise finden, die diese Theorie bestätigen.

Nehmen Sie sich ein Beispiel an den Menschen, die sich täglich für den Fortschritt einsetzen. Fangen Sie klein an und entwickeln Sie sich Stück für Stück weiter. Machen Sie die Weiterentwicklung Ihrer Persönlichkeit zu Ihrem eigenen, ganz speziellen Projekt. Oder schöpfen Sie tatsächlich etwas Handwerkliches. Entdecken und entwickeln Sie Ihre Fähigkeiten. Der Sinn dahinter ist, dass Sie mit jedem Erfolg mehr Vertrauen in sich und das Prinzip der Grenzenlosigkeit entwickeln. Mit jedem noch so kleinen Fortschritt wächst Ihre Motivation.

Wenn Sie daran glauben, dass eine hohe Lebensqualität ein Aberglaube ist und dass dieses Buch Ihnen Zeit stiehlt, dann wird sich für Sie nichts zum Positiven verändern. »Von nichts kommt nichts« ist eine der simpelsten Gleichungen der Welt. Wenn Sie keinen Einsatz zeigen, werden Sie keinen Gewinn ernten. Verabschieden Sie sich von der Vorstellung, dass es irgendetwas gibt, das Sie nicht können. Sie können alles! Es wird Zeit, dass Sie es sich beweisen.

18)
Unser wichtigstes Werkzeug

Es ist immer wieder bemerkenswert, mit welcher Liebe und Hingabe wir unseren materiellen Besitz pflegen. Ein beliebtes Beispiel hierfür sind Autos. Wir gehen sorgsam mit ihnen um, bringen sie sicher in einer Garage unter, waschen sie regelmäßig, bringen sie jedes Jahr zur Inspektion, tanken nur den besten Kraftstoff und achten penibel darauf, dass der Lack auch nicht einen einzigen Kratzer bekommt. Ähnlich ist es mit Möbeln, Kleidung, technischer Ausrüstung und anderen Gegenständen, für die wir viel Geld ausgeben. Das Ironische dabei ist, dass wir währenddessen häufig unseren wichtigsten Besitz vernachlässigen: Unseren Körper.

Der Körper ist unser wichtigstes Werkzeug beim Bewältigen des Alltags. Er ist der Tempel, in dem wir leben. Durch ihn können wir am Leben teilhaben. Wir bewegen uns fort, sehen, hören, riechen, schmecken, fühlen und kommunizieren, indem wir unseren Körper einsetzen. Ohne ihn wäre all das nicht möglich. Ist es angesichts dieser Tatsache nicht schockierend, dass die meisten Menschen unachtsam mit ihm umgehen? Viele Menschen rauchen, haben Übergewicht, bewegen sich nur wenig und arbeiten über ihre körperlichen Belastungsgrenzen hinaus. Dabei lassen sie völlig außer Acht, dass ihre Lebensqualität fest an den Gesundheitszustand ihres Körpers gebunden ist. Erkennen Sie sich darin wieder? Nehmen Sie auch hin und wieder nur wenig Rücksicht auf sich? Wenn ja, dann sollten Sie das ernsthaft überdenken, denn wenn Sie wirklich glücklich und zufrieden sein wollen, müssen Sie lernen, der Gesundheit Ihres Körpers höchste Priorität zuzuschreiben.

Das ist übrigens keine Wertung. Jeder trägt selbst die Verantwortung für seinen Körper. Ob Sie rauchen, übergewichtig sind oder sich ungesund ernähren, geht nur Sie etwas an. Es ist jedoch eine Tatsache, dass Gesundheit und Vitalität die Lebensqualität erheblich steigern, psychologische Probleme eindämmen oder sogar beseitigen und dabei helfen, über sich hinauszuwachsen. Es gibt keinen einzigen Nachteil, wenn man regelmäßig Sport macht, auf eine bewusste Ernährung achtet und Schadstoffe vermeidet.

Haben Sie sich schon einmal den Fuß oder das Bein gebrochen? Wenn so etwas passiert, ist man mehr oder weniger dazu gezwungen, viel Zeit zu Hause zu verbringen. Besonders ärgerlich ist es, wenn das Ganze im Frühling oder Sommer passiert, während draußen die Sonne scheint und alle anderen ihre Zeit im Freien genießen. In solchen Momenten malt man sich aus, was man alles Schönes machen würde, wenn man unverletzt wäre und wie vielfältig man seinen Tag gestalten würde. In den meisten Fällen jedoch macht man es nicht besser, sobald man wieder gesund ist. Man verbringt seine Wochenenden dennoch zu Hause oder macht etwas Anderes als das, was man sich zuvor noch ausgemalt hat. Genauso verhält es sich, wenn man zum Beispiel schwer erkältet ist. Man schwört sich, schnell wieder gesund zu werden und in Zukunft darauf zu achten, dass das nicht mehr passiert. Raucher sind sich ganz sicher, dass sie das Rauchen aufgeben werden, um sich künftig zu schonen. Wenige Tage nach der Genesung ist jedoch wieder alles wie zuvor und der Körper wird erneut schwer beansprucht.

Es ist für uns selbstverständlich geworden, gesund zu sein. Wir leben in einer modernen Gesellschaft mit einem funktionierenden Gesundheitssystem. Wenn mal etwas nicht in Ordnung ist, sucht man einen Arzt auf, der sich darum kümmert. Für alles Mögliche gibt es Medikamente, Behandlungen oder Langzeittherapien, sodass die meisten Menschen keine Angst davor haben, zu erkranken. Die Reue tritt erst ein, wenn sie einen gesundheitlichen Rückschlag erleiden.

Da ich Sie nicht persönlich kenne, kann ich nicht beurteilen, wie Ihr gesundheitlicher Zustand oder Ihr Körperbewusstsein ist. Ich kann Sie jedoch guten Gewissens dazu ermutigen, nach bester Gesundheit und Vitalität zu streben. Jede gesundheitliche Einschränkung erschwert das alltägliche Leben um ein weiteres Stück. Unterhalten Sie sich einmal mit einem Menschen mit Handicap darüber. Er wird Ihnen viel dazu erzählen können!

So, wie Sie Ihren materiellen Besitz pflegen, sollten Sie auch Ihren Körper pflegen. Halten Sie ihn fit und vital und lassen Sie sich regelmäßig untersuchen. Ernähren Sie sich gesund und ausgewogen, um möglichst viel Kraft für den Alltag zu haben. Je gesünder Sie leben, desto mehr Lebenszeit verbleibt Ihnen. Je mehr Zeit Sie haben, desto weiter können Sie sich entwickeln und desto erfolgreicher können Sie werden. Bewegen Sie sich viel, denn Bewegung ist der Schlüssel zu Gesundheit und ewiger Jugend. Es gibt zahlreiche Studien, die belegen, dass zu wenig Bewegung und ungesunde Ernährung das Leben stark verkürzen. Wir reden hier nicht von ein paar Wochen oder Monaten, sondern von teilweise mehr als zehn Jahren!

Materiellen Besitz können Sie stets ersetzen. Sollte Ihr Auto den Dienst quittieren und sich nicht mehr reparieren lassen, können Sie einfach ein neues kaufen. Wenn Ihnen Ihr technisches Equipment auf den Boden fällt, können Sie es ebenfalls wieder neu anschaffen. Wenn Ihr Körper jedoch erkrankt, besteht nur selten die Möglichkeit, Ihre Gesundheit wiederherzustellen.

Für unser gesamtes Leben haben wir nur diesen einen einzigen Körper und es gibt keine Ersatzteile oder Rückgabegarantien. Hinzu kommt, dass unser Körper recht fragil ist. Ein harter Sturz kann bereits ausreichen, um schwere Schäden zu verursachen oder sogar das Leben zu beenden. Aus diesem Grund sollten wir unsere Gesundheit an jedem einzelnen Tag zu schätzen wissen.

Im Jahr 2015 schrieb mir eine Leserin, sie sei an Blutkrebs erkrankt. Sie hatte die Diagnose nur wenige Tage zuvor bekommen und man gab ihr noch maximal 6 Monate bis zu ihrem Tod. Zu diesem Zeitpunkt war sie erst 52 Jahre alt. Sie schrieb mir, dass sie zuvor niemals ernsthaft krank gewesen sei. Ihr ganzes Leben habe sie überstanden, ohne jemals operiert werden zu müssen oder sich etwas gebrochen zu haben. Und nun, aus heiterem Himmel, war sie todkrank. Ich fragte sie, wie sie ihre verbliebene Zeit verbringen wolle und ob es etwas gäbe, das sie nun bereue. Sie antwortete mir, sie habe die guten Dinge des Lebens als zu selbstverständlich empfunden. Ihre Lebenszeit, ihre Gesundheit, ihre Freiheit und die Menschen um sich herum. Sie schrieb, dass es für sie nun wichtig wäre, noch möglichst viele schöne Momente mit der Familie zu erleben. Dann schrieb sie, ich solle darauf achten, immer gesund zu bleiben. Das Leben sei ein Geschenk, das wir nicht als selbstverständlich betrachten dürfen.
Inzwischen ist sie verstorben, doch ihre Erkenntnis bleibt unvergessen.

Wir wissen erst zu schätzen, was wir hatten, wenn es uns genommen wird. Genauso verhält es sich mit unserer Gesundheit. Wir haben nur diesen einen Körper und sollten ein entsprechendes Bewusstsein dafür haben.

Zusätzlich sei gesagt, dass ein vitaler Körper einfach mehr Freude am Leben bringt. Je freier Sie sich bewegen können, je besser Ihre Ausdauer ist und je stärker Sie sich fühlen, desto mehr Lebensqualität empfinden Sie. Egal, wie Ihre aktuelle körperliche oder gesundheitliche Situation ist, machen Sie das Beste daraus.

19)
Legen Sie einen Werkzeugkasten an

Ihr Körper ist Ihr wichtigstes Werkzeug, aber bei Weitem nicht Ihr einziges. In Ihrem Leben gibt es unendlich viele Werkzeuge und es ist Ihre Aufgabe, herauszufinden, welche Sie davon brauchen und wie Sie am besten damit umgehen. Lassen Sie mich Ihnen erklären, was ich damit meine, indem ich Ihnen eine meiner Lieblingsmetaphern vorstelle:

Denken Sie an einen jungen Handwerker, der sich gerade in der Ausbildung befindet. Er hat noch keinerlei praktische Erfahrung und ist deshalb auf die Hilfe seines Meisters angewiesen. Dieser ist sehr erfahren in seinem Beruf und weiß, wie viele Jahre es gedauert hat, sich diese Erfahrung anzueignen. Er kann seinem Schüler unmöglich in nur kurzer all das vermitteln, was es zu lernen gibt und entscheidet sich deshalb dazu, klein anzufangen. Er gibt dem jungen Handwerker einen Hammer, einen Schraubendreher und eine Rolle Isolierband. Mit diesem Grundwerkzeug wird der junge Mann für die erste Zeit ein paar grundlegende Arbeiten verrichten können.
Er lernt, mit seinen drei Grundwerkzeugen umzugehen und wird immer besser darin. Bald jedoch merkt

er, dass er an Grenzen stößt. Je komplexer die Aufträge werden, desto dringender braucht er mehr Werkzeug. Es ist nicht möglich, mit der spärlichen Grundausrüstung alle im Handwerk anfallenden Aufgaben zu erledigen. Der junge Handwerker hat nun zwei Möglichkeiten: Er kann sich sagen, dass er größere Herausforderungen nicht bewältigen kann, da ihm die Mittel dazu fehlen oder er kann sich neue Werkzeuge kaufen, lernen, damit umzugehen und seinen Kompetenzbereich erweitern. Wenn er sich für die zweite Option entscheidet, wird seine Entwicklung weitergehen und er erhält die Chance, der Beste in seinem Fach zu werden.

Jede Ihrer Fähigkeiten, egal ob emotionaler, geschicklicher oder handwerklicher Natur, ist ein Werkzeug. Mit jedem dieser Werkzeuge können Sie an Ihrem Leben arbeiten, um es nach Ihren eigenen Vorstellungen zu formen. Die Erziehung, die Sie genießen, lässt sich mit den drei Grundwerkzeugen aus unserem Beispiel vergleichen. Sie können mit dem, was Sie in jungen Jahren gelernt haben, viel erreichen, doch ab einem gewissen Punkt müssen Sie selbst die Verantwortung für Ihre Entwicklung übernehmen. Nur so schaffen Sie es, das Maximum an Lebensqualität zu gewinnen.

Nutzen Sie Ihre Lebenszeit, um an sich und Ihren Fähigkeiten zu arbeiten. Ob Sie sich weiterbilden, Hobbies pflegen oder an einem Projekt arbeiten, ist dabei ganz Ihnen überlassen. Wichtig ist, dass Sie Ihre Zeit mit Dingen verbringen, die Sie wirklich weiterbringen. Auch wenn es schön ist, hin und wieder abzuschalten, sich auf die Couch zu legen und einen Film zu schauen, ist es nicht förderlich für Ihre Entwicklung. Je besser Sie in etwas werden, desto mehr Spaß haben Sie daran und desto mehr wird es Ihnen dabei helfen, das Leben zu genießen. Stellen Sie sich vor, dass Sie einen Werkzeugkasten haben. Machen Sie es sich zur Aufgabe, möglichst viele Werkzeuge zu sammeln und mit jedem davon so gut wie möglich umgehen zu können. Mit einem gut ausgestatteten Werkzeugkasten und den dazugehörigen Fähigkeiten sind Sie bestens ausgerüstet, um die Herausforderungen des alltäglichen Lebens mit Leichtigkeit zu bewältigen.

Das Leben ist eine fortlaufende Entwicklung. Alles befindet sich zu jeder Zeit in einer Veränderung. Alleine in unserem Körper erneuern sich ständig Millionen von Zellen. Laufend! Veränderung und Entwicklung sind die Inbegriffe des Lebens. Es ist ein Teil unserer Natur und Bestimmung, uns fortlaufend weiterzuentwickeln. Wehren Sie sich nicht gegen diese Bestimmung, sondern werden Sie ihr gerecht. Werden Sie der beste Mensch, der Sie sein können und Ihnen werden Glück, Zufriedenheit und Lebensqualität sicher sein.

Denken Sie einmal an sich selbst vor 5 Jahren. Wie genau können Sie sich an diese Zeit erinnern? Was sehen Sie, wenn Sie zurückblicken? Haben Sie sich seitdem verändert? Versuchen Sie sich daran zu erinnern, was zu dieser Zeit wichtig für Sie war. Mit

welchen Menschen hatten Sie damals Kontakt? Wie waren Ihre politischen Ansichten? Wie war Ihr Wissensstand um die persönliche Entwicklung? Haben Sie sich damals überhaupt schon dafür interessiert? Je mehr Details Ihnen einfallen, desto stärker wird Ihnen auffallen, wie sehr Sie sich verändert haben.
Wenn Sie nun auf sich vor 10 Jahren zurückblicken, wird es Ihnen vorkommen, als würden Sie einen ganz anderen Menschen betrachten. Das ist völlig normal und wird nicht anders sein, wenn Sie in 5 Jahren auf heute zurückblicken. Sie entwickeln sich stets weiter und mit Ihnen entwickeln sich auch gewisse Ansichten und Ihre Vorstellungen vom Leben. Sie lernen, besser mit Ihren Werkzeugen umzugehen. Sie formen Ihr Leben nach Ihren Vorstellungen und probieren verschiedene Sachen aus, um Ihren Stil zu finden. Je mehr Werkzeuge Ihnen zur Verfügung stehen, desto freier sind Sie in der Gestaltung.

Mit den Werkzeugen sind wirklich alle Fähig- und Fertigkeiten gemeint, die Ihnen nur einfallen können. Probieren Sie verschiedene Freizeitaktivitäten und Sportarten aus, spielen Sie ein Instrument oder lernen Sie eine neue Sprache. Alles, was Sie persönlich weiterbringt und einen Mehrwert für Ihr Leben darstellt, ist ein Gewinn. Je mehr Sie können, desto mehr hat das Leben für Sie zu bieten!

Ihre Erfahrungen, Glaubenssätze, Erkenntnisse und moralischen Grundsätze sind ebenfalls Werkzeuge, mit denen Sie Ihr Leben formen.
Stellen Sie sich Ihr Leben als Skulptur vor, an der Sie

arbeiten. Wie sieht Ihre Skulptur aktuell aus? Wie soll sie später einmal aussehen und was glauben Sie, welche Werkzeuge Sie noch brauchen, um an diesen Punkt zu kommen? Die Antworten auf diese Fragen finden Sie nur, wenn Sie in sich gehen, sich hinterfragen und bereit sind, neue Wege zu gehen und Vieles auszuprobieren.

20)
Das Leben ist unpersönlich

Jeder von uns nimmt sich hin und wieder vor, Einiges im Leben besser zu machen. Sie kennen das: Nach einem schlechten Tag fassen Sie neuen Mut und beschließen, von nun an positiv nach vorne zu blicken. Nichts soll Sie mehr aus der Ruhe bringen und Sie schmieden konkrete Pläne, wie Ihr neuer Tagesablauf aussehen soll. Dabei fühlen Sie sich energiegeladen und motiviert. Es macht Ihnen Spaß, wie sich plötzlich eine ganz neue Kraft in Ihnen mobilisiert. Sie fühlen sich unerschütterlich und sind zuversichtlich, dass von nun an alles besser werden wird.
Am nächsten Tag starten Sie früh morgens aus dem Haus, um zur Arbeit zu fahren. Dabei müssen Sie feststellen, dass Ihr Auto nicht anspringt. Leider kennen Sie sich überhaupt nicht mit der Funktionsweise eines Autos und können das Problem deshalb nicht beheben. Es fehlt Ihnen jedoch auch die Zeit, um Hilfe zu rufen. Sie atmen tief durch und beschließen, sich davon nicht aus der Ruhe bringen zu lassen. Es gibt immer noch Plan B: Sie nehmen den Bus. Kurz bevor Sie die Bushaltestelle erreichen, fährt der Bus an Ihnen vorbei. Sie rennen los, um es noch rechtzeitig zur Haltestelle zu schaffen, aber auch das ist Ihnen nicht vergönnt. Sie verpassen den Bus und blei-

ben atemlos und enttäuscht am Straßenrand zurück. Um es nun noch rechtzeitig zur Arbeit zu schaffen, müssen Sie in den sauren Apfel beißen und sich eine teure Taxifahrt leisten. »So viel zum besseren Start in den Tag«, denken Sie sich.
Auf der Arbeit angekommen, erfahren Sie, dass einer Ihrer Arbeitskollegen krank ist, was für Sie bedeutet, dass Sie nicht nur mehr, sondern auch länger arbeiten müssen. Sie sind fassungslos darüber, wie viel Pech man an einem Tag haben kann und beginnen, ernsthaft daran zu zweifeln, dass es für Sie die Möglichkeit gibt, glücklich zu sein. Wie denn auch? Schließlich scheint das Leben Ihnen ja Steine in den Weg zu legen. Oder nicht?

Viele Menschen sind der Meinung, das Leben sei »ungerecht«. Diese Aussage untermauern sie mit ihren Erfahrungen, die so ähnlich sind wie die aus unserem Beispiel. Es gibt jedoch auch andere Ereignisse, die dazu führen, dass man das Leben als ungerecht empfindet. Zum Beispiel, wenn ein junger Mensch durch eine schwerwiegende Krankheit stirbt. Man fragt sich in solchen Situationen, wie es sein kann, dass manche Menschen 100 Jahre alt werden, ohne zu erkranken und dass es gleichzeitig Kinder gibt, die nach nur sehr wenig Lebenszeit schwere Qualen erleiden und das Leben verlassen müssen. Es scheint einfach nicht fair zu sein.
Auch wenn tragische Unfälle passieren, spricht man oft davon, das Leben sei ungerecht. Man fragt sich, wie das Schicksal solche grausamen Ereignisse zulassen kann und kommt zu dem Schluss, das Leben sei

hart und unfair. Einige Menschen sind sogar fest davon überzeugt, das Leben meine es schlecht mit ihnen und es sei ihnen unmöglich, jemals glücklich zu werden, da das Schicksal sich gegen sie gewandt habe.

Das Fatale an solchen Gedanken ist, dass sie uns unsere Lebensqualität kosten. Nicht, weil das Leben es so will, sondern weil wir es so einrichten! Wenn wir sagen, dass das Leben ohnehin ungerecht ist, haben wir keinerlei Motivation, um unsere Eigenverantwortung zu übernehmen und selbst für unser persönliches Glück zu sorgen. Schließlich haben wir das Gefühl, einem unüberwindbaren Gegner gegenüberzustehen: Dem Schicksal. Dabei merken wir nicht, dass wir einen negativen Glaubenssatz ständig wiederholen und ihn zu unserer Realität machen, bis wir schließlich irgendwann fest in unserem Denken verankert haben, dass es nicht möglich ist, glücklich zu sein. Das wirklich Traurige daran ist, dass dieser Vorgang völlig grundlos geschieht, denn das Leben ist nicht unfair. Es ist unpersönlich.

Das Leben ist keine Person, die versucht, Ihnen Steine in den Weg zu legen. Das Leben ist das Leben und Sie sind ein Teil davon. Vor allem aber ist es neutral und unpersönlich. Alles, was passiert, unterliegt natürlichen Gesetzen und lässt sich auch durch diese erklären. Wenn man diesen Gedanken annimmt und versteht, ist das Leben plötzlich viel leichter.

Es gibt Dinge, Tatsachen und Umstände, an denen wir nichts ändern können. Dazu gehören zum Beispiel die Zeit und der Tod. Wir können nichts an der Zeit verändern, sondern nur mit ihr gehen. Wir müssen uns ihrer Vergänglichkeit beugen, ob wir wollen oder nicht. Genauso verhält es sich mit dem Tod. Wir müssen uns mit der Endgültigkeit des Todes abfinden. Wir können nicht unter Wasser atmen und wir werden aufgrund der Schwerkraft von der Erde angezogen. Es gibt Dinge, die nun einmal so sind, wie sie sind. Wir können sie vielleicht erklären, aber wir ändern nichts an ihnen. Das ist jedoch gut so, denn, wenn wir Menschen all diese natürlichen Faktoren beeinflussen könnten, hätten wir so viel Macht, dass es uns schaden würde. Stattdessen können wir etwas Anderes sehr Nützliches: Wir können uns aussuchen, wie wir mit unveränderlichen Tatsachen und Situationen umgehen.

Jeder von uns hat einen natürlichen Einflussbereich. Innerhalb dieses Bereichs liegen Dinge, die uns selbst und unser direktes Umfeld betreffen. So liegt es zum Beispiel in Ihrem Einflussbereich, wie Sie sich entwickeln, wie Sie mit Ihren Mitmenschen umgehen, was Sie aus Ihrer Zeit machen, wie Sie Chancen verwerten, usw. Im Innern dieses Bereichs befinden sich all die Dinge, die Sie selbst unmittelbar steuern können. Alles andere liegt außerhalb Ihres Einflussbereichs. Sie können die Zeit nicht beeinflussen, können sich nicht Ihr Wunschwetter aussuchen, können nicht entscheiden, wie lange etwas oder jemand leben darf und können nicht die Naturgesetze manipulieren. Es gibt also sehr Vieles, das außerhalb Ihres Einflussbereichs liegt. Innerhalb Ihres Bereichs jedoch können

Sie selbst entscheiden, wie Sie mit dem umgehen, was von außerhalb auf Sie einwirkt!

Es ist Ihre freie Entscheidung, ob Sie gestresst sind oder es locker nehmen, wenn Ihr Start in den Tag nicht reibungslos verläuft. Sie suchen sich aus, ob Sie sich aus der Ruhe bringen lassen, wenn Ihr Arbeitstag länger dauert. Es liegt bei Ihnen, ob der Tod eines Mitmenschen in Ihnen Anteilnahme, Trauer oder Wut über die »Ungerechtigkeit« des Lebens auslöst. Das Leben ist, wie es ist und daran wird sich nichts ändern. Das für Sie Entscheidende ist, wie Sie damit umgehen. Ihre Entscheidungsfreiheit liegt innerhalb Ihres Einflussbereichs. Das Leben ist niemals böse oder ungerecht. Manche Phänomene können genau nachvollzogen werden, andere geschehen durch Zufall und manche sind einfach unerklärlich. Das bedeutet jedoch nicht, dass eine allgemeine Ungerechtigkeit stattfindet. Ganz im Gegenteil, es ist sogar gut und gerecht, dass Sie eine Entscheidungsfreiheit haben, die es Ihnen ermöglicht, damit umzugehen.

Was auch geschieht: Denken Sie daran, dass keine böse Absicht des Lebens dahintersteckt. Geben Sie nicht Ihre Ambitionen oder Ihre Motivation auf, weil sich manchmal unglückliche Ereignisse aneinanderreihen. Verstehen Sie, dass das Leben ist, wie es ist und finden Sie Ihren Weg, so damit umzugehen, dass Ihre guten Absichten unangetastet bleiben. Wenn einmalig etwas für Sie Schlechtes passiert, soll das nicht Ihren Wunsch nach lebenslangem Glück und Zufriedenheit beeinträchtigen. Machen Sie Ihren Frieden mit vergangenen Geschehnissen, denn Sie können ohnehin nicht zurück, um sie zu verändern. Begreifen Sie das Erlebte und lassen Sie es zurück. Das ist die einzige Option, die Ihnen bleibt, um unbeschwert zu leben und all Ihre Ziele zu erreichen.

21)
Warum das Leben gut ist

Dass das Leben unpersönlich ist, bedeutet, dass es nicht die Absicht hat, Ihnen zu schaden. Es ist neutral und folgt konsequent seinen eigenen Gesetzen, die seit Anbeginn der Zeit existieren. Das heißt jedoch nicht, dass wir dem Leben gleichgültig sind. Es gibt einige Gründe zu der Annahme, dass das Leben darauf ausgelegt ist, gut zu sein. Im Klartext heißt das: Wenn das Leben neutral ist, ist es gut. Es hat einen positiven Grundzustand. Schwierig wird es erst dann, wenn künstliche Probleme verursacht werden. Lassen Sie uns etwas tiefer in diesen Gedanken einsteigen, um ihn verständlicher zu machen. Fangen wir beim Anfang an:

Die Annahme, dass es »Gut und Böse« gibt, stammt von unseren frühen Vorfahren. Die Entwicklung der Menschen befand sich noch in einem frühen Stadium und man war weit entfernt von all den Erkenntnissen, über die wir heute verfügen. Damals merkten die Menschen, dass gewisse Dinge sich nicht nur positiv, sondern auch negativ auf sie und ihr Leben auswirken konnten. Zum Beispiel war das Feuer eine Bereicherung, da es sie wärmte, bei der Zubereitung von Speisen half und Feinde fernhielt. Man konnte

sich aber auch daran verbrennen und schwer verletzten. Genauso war das Wasser nicht nur die Essenz des Lebens, sondern auch gefährlich, da man darin ertrinken konnte. Die täglich wiederkehrende Sonne spendete Licht und Wärme. Gleichzeitig konnte sie jedoch auch das Land austrocknen und den Menschen körperlich zusetzen.
Unsere Vorfahren begannen zu glauben, sie seien fremden Mächten ausgesetzt, die sie entweder belohnten oder bestraften. Nur so konnten sie sich erklären, dass gewisse Dinge zum einen Zeitpunkt vorteilhaft und dann plötzlich wieder schädlich waren. Sie entwickelten die Überzeugung, dass sie die Gunst dieser fremden Mächte gewinnen müssten, um vor den negativen Wirkungen der eigentlich guten Dinge verschont zu bleiben. Also begannen sie, höheren Mächten zu huldigen, ihnen Opfer darzubringen und einen Lebensstil zu pflegen, von dem sie glaubten, dass er die Gemüter der hohen Mächte besänftigen würde.

In Wirklichkeit begegneten unsere Vorfahren der Unpersönlichkeit und Neutralität des Lebens, so wie wir heute auch. Sie verstanden noch nicht die Theorie der verschiedenen Einflussbereiche und begriffen auch nicht, dass die Gesetze der Natur und des Lebens immer gleich und unveränderlich sind. Das sollte alles erst viel später kommen.

Bei genauer Betrachtung können wir feststellen, dass der Grundzustand des Lebens gut ist. Wenn für uns alles »normal« ist, sind wir gesund, glücklich, erfüllt und versorgt. Wenn sich etwas negativ entwickelt, engagieren wir uns, um den ursprünglichen Zustand wiederherzustellen. Achten Sie auf den feinen Unterschied: Es ist nicht so, dass es uns im Normalzustand schlecht geht und dass Gesundheit, Glück und Versorgung eine Belohnung sind, die wir uns erarbeiten müssen. Das Positive ist der Normalzustand, der erhalten bleiben möchte.

Das Wesen der Natur ist unveränderlich, doch es ist gut. Alles ist in Hülle und Fülle vorhanden. Von der reinen Verfügbarkeit her ist mehr als genug Platz und Nahrung für jeden Menschen vorhanden. Das ist der Normalzustand. Mangelerscheinungen und Probleme werden von den Menschen selbst verursacht. Das Leben stellt uns jedoch von allem reichlich zur Verfügung und das nicht nur einmalig! Alles regeneriert sich und wächst nach. Das Leben schenkt uns immer wieder nach, sodass wir gut versorgt sind.

Die Regeneration ist ein gutes Stichwort. Die Tatsache, dass unser Körper sich selbst heilen kann, ist für uns selbstverständlich und gerät deswegen gerne in Vergessenheit. Wenn Sie sich verletzen, setzt eine sofortige Heilung ein. Das Leben ist an unserer Gesundheit und unserem Wohlbefinden interessiert.

Wie Sie sehen, ist der Grundzustand des Lebens positiv. Schädlich werden Dinge erst dann für uns, wenn wir selbst Probleme verursachen oder Unveränderliches negativ interpretieren. Was empfinden Sie an Ihrem Leben negativ? Denken Sie darüber nach, warum Sie das so empfinden und ob dieser Zustand auch dem Grundzustand des Lebens entspricht. In den meisten Fällen werden sie feststellen, dass Ihre Probleme nicht vom Leben verursacht werden, sondern von der Gesellschaft oder von Ihnen selbst.

Der Gedanke, dass das Leben auf das Gute ausgerichtet ist, ist schön, tröstlich und motivierend. Er lässt uns verstehen, dass unser persönliches Glück darin liegt, natürlicher zu werden und nicht darin, etwas schaffen oder erreichen zu müssen. Die Weiterentwicklung des Menschen und der Gesellschaft hat zu zahlreichen Komplikationen geführt, aus denen viele unserer modernen Probleme resultieren: Mangelndes Selbstbewusstsein und -vertrauen, Unzufriedenheit, Neid, Mangelerscheinungen, Gier, Geiz, usw. In Wirklichkeit ist das Leben jedoch unkompliziert und schön. Der Urzustand ist, dass wir gesund, zufrieden, erfüllt und versorgt sind. Um Ihr persönliches Glück zu »erreichen« müssen Sie also nicht hart arbeiten. Sie müssen sich keine Belohnung verdienen, sondern sich einfach von den Komplikationen des Alltags lösen. Das in diesem Buch vorgestellte Gedankengut kann und wird Ihnen dabei helfen.

Ein großer Bestandteil des Lebens ist die Dualität: Es gibt Helligkeit und Dunkelheit, Wärme und Kälte, »Gutes und Böses«, usw. An welche Seite man glaubt, ist eine reine Überzeugungssache. Optimisten sagen, dass es nur das Licht gibt und dass Dunkelheit nichts anderes ist als die Abwesenheit des Lichts. Schließlich kann man Licht streuen, aber keine Dunkelheit. Pessimisten dagegen sagen, dass der Grundzustand Dunkelheit ist und dass man Licht braucht, um ihn aufzuheben. Logisch betrachtet haben beide Seiten Recht. Wenn Sie die Entscheidungsfreiheit haben, würde ich Ihnen jedoch immer empfehlen, zum Optimismus zu tendieren. Der Gedanke, dass das Leben gut ist, ist ein starker Glaubenssatz, der Freude und Motivation in Ihnen auslöst.

Das Leben ist in seinem natürlichen und neutralen Zustand positiv. Diesen Glaubenssatz sollten Sie annehmen und akzeptieren, um zufrieden und ausgeglichen zu sein. Sollten Sie einem Fall von Dualität begegnen, bei dem es Argumentationsspielraum gibt, müssen Sie nicht unbedingt eine Stellung beziehen. Sie können darin auch einfach erkennen, dass das Leben tatsächlich unpersönlich ist und Ihnen die freie Entscheidung darüber überlässt, wie Sie es sehen und interpretieren. Am Ende ist das Leben das, was Sie daraus machen. Sie haben von Anfang an dieselben Grundvoraussetzungen wie andere Menschen auch. Die gute Nachricht ist, dass diese Voraussetzungen positiv sind. Nutzen Sie die Chancen, die Ihnen damit gegeben werden und leben Sie Ihr Leben unkompliziert und erfüllt.

22)
Lösen Sie die großen Blockaden

Wenn Sie dauerhaft glücklich und zufrieden sein möchten, müssen Sie sich von allen Blockaden lösen. Jeder negative Einfluss, egal wie klein er auch sein mag, ist ein Stein, der Ihnen im Weg liegt. Doch bevor Sie sich um die Kleinigkeiten und Details kümmern, sollten Sie erst einmal den großen Schwierigkeiten Beachtung schenken. Diese sind in den meisten Fällen Ängste unterschiedlichster Art. Sie sollten sie auf keinen Fall unterschätzen und sich mit der nötigen Sorgfalt darum kümmern, sie aus Ihrem Leben zu beseitigen.

Vorab möchte ich klarstellen, dass dieses Buch nicht dazu geeignet ist, um schwerwiegende Ängste oder Angststörungen zu behandeln. Die Intention hinter diesem Kapitel ist, Ihnen den Ursprung und die Funktionsweise von Ängsten näherzubringen, damit Sie ein besseres Verständnis dafür entwickeln und Ihre leichten Ängste selbst überwinden können. Wenn Sie unter einer Angststörung oder einer schweren Phobie leiden, sollten Sie professionellen Rat und Unterstützung suchen. Das ist immer die beste Option, da fachlich qualifizierte Menschen Ihnen dabei helfen können, Ihre Situation objektiv zu bewerten und die richtigen Maßnahmen einzuleiten, damit Sie Ihr Leben wieder uneingeschränkt genießen können. Diesen Schritt zu gehen, ist nicht immer leicht, aber immer lohnenswert! Ihr Glück und Ihre mentale Freiheit haben immer die höchste Priorität.

Es ist wichtig, zu verstehen, dass Angst nicht gleich Angst ist. Man muss bei jeder Angst auf den Grad der Schwere achten. So haben zum Beispiel viele Menschen Angst vor dem Autofahren, doch sie ist stets unterschiedlich stark ausgeprägt. Manche Menschen fühlen sich einfach unwohl, wenn sie selbst fahren. Andere trauen sich nicht, selbst zu fahren und können daher nur Beifahrer sein, während wieder andere sich so sehr davor fürchten, dass sie gar nicht erst in die Nähe eines Autos gehen. Die gute Nachricht ist, dass Sie sich von all Ihren Ängsten befreien können, egal wie schwerwiegend sie sind. Manchmal ist der Weg etwas länger, aber es ist immer möglich! Im Folgenden werden Sie erfahren, warum wir Angst haben und was man dagegen tun kann.

Wir Menschen haben sogenannte »Grundgefühle«. Dies sind Gefühle, die wir vom ersten Moment unseres Lebens an fühlen können, ohne sie erst erlernen zu müssen. Dazu gehören zum Beispiel Liebe, Freude, Traurigkeit und natürlich auch Angst. Tatsächlich ist die Angst sehr sinnvoll, denn sie ist sozusagen unsere Alarmanlage. Wenn wir in Gefahr geraten, bringt die Angst den Körper in Alarmbereitschaft, damit wir fliehen oder kämpfen können. Von Geburt an haben wir nur zwei Ängste: Die Angst vor dem Fallen und

die Angst vor plötzlichen lauten Geräuschen. Beide schützen uns seit Anbeginn der Menschheit. Da Stürze uns verletzen können, gerät der Körper jedes Mal in Alarmbereitschaft, wenn er aus dem Gleichgewicht gerät. So können sofort Gegenmaßnahmen eingeleitet werden, um einen Sturz zu verhindern oder zumindest abzumildern.
Die Angst vor lauten Geräuschen schützt uns vor fremden Gefahren. Sie stärkt den Körper in Bruchteilen von Sekunden und bereitet ihn auf eine Kampf- oder Fluchtsituation vor. Vor allem für unsere Vorfahren waren diese Ängste überlebensnotwendig. In der Theorie sind diese beiden Grundängste völlig ausreichend. Die Realität sieht jedoch so aus, dass wir Menschen im Laufe der Jahrtausende zahlreiche weitere Ängste entwickelt haben.

Ängste beruhen auf schlechten Erfahrungen und falschen Annahmen. Sie sind im Grunde nichts Anderes als Fehlinformationen, die vom Unterbewusstsein aufgenommen wurden und deshalb von uns als wahr erachtet werden. Können Sie sich zum Beispiel vorstellen, dass man von Geburt an Angst vor dem Autofahren haben kann? Natürlich nicht. Die Angst entsteht erst dann, wenn man ein negatives Ereignis, wie zum Beispiel einen Autounfall gesehen oder erlebt hat. Oder man geht davon aus, das Autofahren sei bestimmt sehr gefährlich und beginnt deshalb, eine Abneigung zu entwickeln.
Genauso haben viele Menschen Angst vor Spinnen, da sie der Meinung sind, diese seien gefährliche Tiere. Das ist jedoch nicht immer so, vor allem nicht in

unseren Breitengraden. Die gewöhnliche Hausspinne, die gelegentlich munter über Ihre Fensterscheibe krabbelt, ist völlig harmlos.

Ein hilfreicher Gedanke ist, dass jede, wirklich jede Angst überwunden werden kann. Leichte Ängste kann man sehr schnell in den Griff bekommen, während schwerwiegende Ängste etwas mehr Zeit, Engagement und Überwindung in Anspruch nehmen. Ausschlaggebend ist, wie fest die fehlerhafte Überzeugung im Unterbewusstsein verankert ist. Doch egal, wie fest ein Gedanke sich gesetzt hat, er kann verändert und aktualisiert werden. Das Prinzip ist simpel: Sie müssen sich beweisen, dass Ihre bisherigen Annahmen oder Gedanken nicht richtig sind, damit Ihr Unterbewusstsein sie mit neuen Erfahrungen überschreibt. Deshalb wird in der Psychologie immer davon gesprochen, dass man sich seinen Ängsten stellen muss. Einfach gesagt muss man sich beweisen, dass man völlig grundlos Angst hat. Es sich einfach nur einzureden, reicht leider nicht aus. Das Unterbewusstsein will einen praktischen Beweis haben und den müssen Sie liefern.

Wenn es Ihnen zum Beispiel unangenehm ist, Auto zu fahren, dann machen Sie es häufiger. Jedes Mal, wenn Sie merken, dass es unkompliziert und reibungslos verläuft, beweisen Sie sich einmal mehr, dass Ihre Angst nicht hilfreich war. Selbstverständlich gibt es Risiken im Straßenverkehr, doch Ängste können diese nicht mildern, ganz im Gegenteil! Angst lähmt Sie und macht Sie unaufmerksam, sodass die Gefahr, in einen Unfall verwickelt zu werden, sich stark erhöht. Wenn Sie sich vor Spinnen fürchten, sollten Sie die Nähe zu kleineren Spinnen suchen, um sich davon zu überzeugen, dass diese Ihnen überhaupt nichts anhaben möchten und es auch nicht können. Besuchen Sie in Begleitung eine Zoohandlung und stellen Sie sich Stück für Stück Ihren Ängsten. Nur durch Konfrontation können Sie sie besiegen und ihnen zeigen, dass sie keine Daseinsberechtigung haben.

Suchen Sie sich bei stärkeren Ängsten immer eine Person zur Unterstützung, die Ihnen zur Seite steht. So haben Sie das Gefühl, einen Rettungsanker zu haben und wissen, dass nichts Schlimmes geschehen kann. In der Theorie ist das Auflösen von Ängsten eine recht simple Angelegenheit. Was die Sache so schwer macht, ist der Schritt der Überwindung. Wir lassen uns viel Zeit damit, falsche Annahmen in unser Unterbewusstsein sickern zu lassen. Deshalb dauert es auch länger als nur einen kleinen Moment, um diese zu überschreiben. Seien Sie geduldig mit sich. Je tiefer ein Gedanke sitzt, desto häufiger werden Sie Gegenbeweise herbeiführen müssen, um ihn zu überschreiben. Geben Sie niemals auf, denn jede Angst kann überwunden werden. Jede!

Es ist deshalb so wichtig, seine Ängste zu überwinden, da Ängste die größten Blockaden in unserem Alltag darstellen. Wer ausgeglichen und glücklich sein möchte, darf sich nicht von Fehlinformationen belasten und herunterziehen lassen. Ängste können sehr starke Fesseln sein. Immer dann, wenn Sie etwas im Alltag vermeiden oder nicht machen können, da Sie sich davor fürchten, sind Sie eingeschränkt und mindern somit Ihre Lebensqualität.

Wovor fürchten Sie sich? Notiere Sie sich Ihre Ängste und sprechen Sie mit jemandem, dem Sie vertrauen, darüber. Überlegen Sie sich, inwieweit Sie sich Stück für Stück mit Ihren Blockaden konfrontieren können, um sie endlich aufzulösen. Ich garantiere Ihnen: Sobald Sie die ersten Erfolge erleben und sich von den Fesseln der Furcht befreien, werden Sie nicht mehr aufzuhalten sein. In Ihnen wird eine Motivation entstehen, die es Ihnen ermöglichen wird, sich jeder Herausforderung und jeder Angst zu stellen. Die einzige Voraussetzung dafür ist, dass Sie Ihre Ängste erkennen und bereit dazu sind, ihnen den Kampf anzusagen.

Der Gedanke, dass das Prinzip hinter der Angst simpel ist und dass man jede Angst überwinden kann, ist ein wichtiger Grundsatz des Glücks. Er lässt uns verstehen, dass wir unseren Blockaden nicht ausgeliefert sind, sondern die Freiheit haben, sie aufzulösen, wenn wir bereit sind, das dafür Nötige zu tun. Nehmen Sie den Gedanken auf und machen Sie ihn zu einem festen Bestandteil Ihres alltäglichen Lebens. So werden Sie schon bald die ersten Erfolge verbuchen.

23)
Wem Ihre Wut wirklich schadet

Der Alltag steckt voller Überraschungen, doch nicht alle davon sind erfreulich. Sie kennen das: Manchmal sind Sie in Ihrem Auto oder auf Ihrem Fahrrad unterwegs und freuen sich einfach darauf, nach einem langen Tag bei der Arbeit nach Hause zu kommen. Plötzlich nimmt Ihnen jemand die Vorfahrt und bringt Sie damit in Gefahr. Das Schlimmste ist, dass er es überhaupt nicht bemerkt und einfach weiterfährt, ohne sich auch nur einmal nach Ihnen umzudrehen. Sie sind empört über diese Fahrlässig- und Gleichgültigkeit und ärgern sich. Sie ärgern sich so sehr, dass Sie die Wut mit nach Hause nehmen und sich davon den ganzen Tag verderben lassen.

Auf der Arbeit ist es manchmal nicht anders: Obwohl Sie Ihren Job gewissenhaft erledigen, meint irgendjemand, Sie ständig kritisieren zu müssen. Innerlich wünschen Sie sich, diese Person mit allem zu konfrontieren, was Ihnen gerade durch den Kopf geht, nur um Ihrem Unmut sichtbar Luft zu machen. Sie halten sich jedoch zurück, da Sie bei der Arbeit nicht negativ auffallen wollen. Die Konsequenz ist, dass Sie Ihre Wut herunterschlucken und abermals mit nach Hause nehmen.

Es gibt jeden Tag so viele Gelegenheiten, sich zu ärgern. Sie wären erstaunt, wenn Sie sie zählen würden. Wenn Sie möchten, können Sie hier wieder den Selbstversuch mit der Strichliste starten und einen Tag lang dokumentieren, wie oft Sie sich über etwas oder jemanden aufregen. Das Ergebnis wird Ihnen verdeutlichen, wie viel Potenzial für mehr Glück und Zufriedenheit es in Ihrem Alltag gibt, wenn Sie nur darauf achten, sich weniger zu ärgern.

Haben Sie sich schon einmal Gedanken darüber gemacht, was es Ihnen bringt, zornig oder aufgebracht zu sein? Ich meine das im wahrsten Sinne des Wortes: Was haben Sie davon, wenn Sie wütend sind, Ihre Wut zum Ausdruck bringen oder sie herunterschlucken und schließlich mit nach Hause nehmen? Tatsächlich bringt es Ihnen überhaupt nichts. Zumindest nichts Positives. Ganz im Gegenteil: Die negativen Gedanken ziehen Sie herunter und wirken sich auf Ihre gesamte Denkweise aus. Ihr Unterbewusstsein nimmt diese schlechten Gedanken auf und sorgt dafür, dass Sie fortan verstärkt Negatives wahrnehmen. Für Sie entsteht der Eindruck, dass der Tag immer schlimmer wird und auf Dauer kann es sogar passieren, dass Sie durch solche Erfahrungen verbittern. Jeder negative Gedanke ist wie ein kleiner Tropfen, der in ein großes Fass fällt. Irgendwann ist das Fass voll und Ihnen kann es genauso ergehen, wenn Sie Ihre Gedanken und Emotionen nicht im Griff haben.

Wenn Sie auf jemanden wütend sind, wünschen Sie ihm in der Regel etwas Schlechtes. Sie möchten zumindest, dass er seine Fehler sieht und versteht, dass er es in Zukunft besser machen muss. Doch erreichen Sie das, indem Sie sich selbst fertigmachen? Kehren wir zurück zum Beispiel im Straßenverkehr: Der Autofahrer, der Ihnen die Vorfahrt nimmt, bekommt nicht einmal mit, dass er einen Fehler macht. Und selbst, wenn er es mitbekäme, würde er es wahrscheinlich höchstens kurz registrieren und nach wenigen Augenblicken darüber hinweg sein. Ihre Wut macht ihn nicht einsichtig und bringt ihn auch nicht dazu, in Zukunft aufmerksamer zu sein. Das liegt vor allem daran, dass er nach wenigen Momenten vergisst, Ihnen jemals begegnet zu sein. Sie jedoch tragen Ihren Zorn noch lange in sich, ohne dass derjenige, der ihn eigentlich erfahren sollte, etwas davon weiß.

Buddha soll gesagt haben, am Zorn festzuhalten sei so, als würde man Gift trinken und dann darauf warten, dass der Andere stirbt. Merken Sie sich diese Weisheit, denn sie kann Sie vor viel Ärger und schlechter Laune bewahren!

Sie sind nicht verantwortlich für die Dummheit, Unachtsamkeit oder Rücksichtslosigkeit anderer Menschen. Wieso sollten Sie sich also dafür bestrafen? In Situationen wie aus unserem Beispiel sollten Sie sich darauf konzentrieren, einen kühlen Kopf zu bewahren. Sie ändert nichts am Fehlverhalten des Anderen. Seien Sie froh, wenn niemand zu Schaden kommt, schütteln Sie mit dem Kopf und lassen Sie die Empörung hinter sich. An der Ausganssituation wird sich nichts zum Positiven ändern, dafür aber an Ihrer inneren Haltung und am weiteren Verlauf Ihres Tages.

Denken Sie immer daran, dass Sie sich für die Schwächen Ihrer Mitmenschen bestrafen, wenn Sie sich über diese aufregen. Wenn jemand Sie bei der Arbeit unhöflich behandelt oder unsachlich kritisiert, dann schaden Sie sich mit Zorn nur selbst. Wie wäre es, wenn Sie den Spieß einfach herumdrehen würden, indem Sie der anderen Person kein Gehör schenken? Signalisieren Sie, dass das Verhalten Ihres Kollegen so weit unter Ihrem Niveau liegt, dass Sie es nicht einmal einer Antwort oder Reaktion würdigen. Während Sie gelassen bleiben und dem Zorn keinen Einzug ermöglichen, blamiert Ihr Gegenüber sich mit seinem Benehmen vor den Anderen und lernt dadurch, Sie in Zukunft nicht noch einmal so unangemessen anzusprechen.

Wenn Sie wütend sind und Ihren Ärger mit nach Hause nehmen, schaden Sie zusätzlich den Menschen, die Ihnen wichtig sind. Diese sind an Ihrem Wohlergehen interessiert und leiden darunter, wenn Sie schlecht gelaunt sind. Wenn Sie Ihren liebsten Mitmenschen davon erzählen, wie wütend Sie auf jemanden sind, werden diese auch wütend werden, da sie Partei für Sie ergreifen. Anstatt die Sache hinter sich zu lassen, verschlimmern Sie sie, da nun weitere Personen involviert werden. Das Schlimmste daran ist, dass sich nun alle über etwas aufregen, das jemand verursacht hat, der es inzwischen schon längst vergessen hat.

Denken Sie an die Metapher mit dem Boot im Ozean. Lassen Sie kein Wasser hinein. Es ist nicht Ihre Schuld, wenn andere Menschen Fehler machen. Diese Fehler liegen außerhalb Ihres Einflussbereichs. Innerhalb Ihres Einflussbereichs entscheiden Sie, wie Sie damit umgehen. Zornig zu sein, ist keine weise Entscheidung, da Sie damit nichts verbessern, aber Einiges verschlechtern.

Jeder Gedanke ist eine Saat in Ihrem Unterbewusstsein. Säen Sie so wenig Negatives wie möglich. Achten Sie auf Ihre Gedanken, denn sie sind wie Wünsche. Sie suchen sich aus, ob Sie sich Positives oder Negatives in Ihr Leben wünschen. Atmen Sie in kritischen Situationen durch und stellen Sie sich die Frage, ob es Ihnen irgendetwas bringt, wenn Sie nun zornig werden. Sie werden immer wieder aufs Neue feststellen, dass diese Frage kleine Wunder bewirken und Ihren Tag retten kann!

24)
Wie Sie Kraft aus Negativem schöpfen

Die Fehler Ihrer Mitmenschen sind nicht die einzigen negativen Einflüsse, die sich täglich schädlich auf Sie und Ihr Denken auswirken. Sie können sich noch so sehr darum bemühen, stets positiv und glücklich zu sein, aber dennoch geraten Sie in Situationen, in denen Sie wütend, neidisch, traurig, enttäuscht oder unzufrieden werden. Diese Empfindungen überkommen Sie häufig intuitiv und werden durch Ihre Mitmenschen ausgelöst. Es ist nicht schlimm, dass Sie diese Gefühle oder Gedanken haben, sondern vollkommen natürlich. Schlimm wird es erst, wenn Sie sich davon herunterziehen und einschränken lassen. Jede Medaille hat zwei Seiten und es liegt ganz an Ihnen, welche Sie betrachten. Sie können sich aussuchen, ob Sie sich von Negativem deprimieren lassen oder ob Sie es als Kraftstoff für Ihren Erfolg nutzen. Lassen Sie uns einen Blick auf ein paar alltägliche Beispiele werfen, die zuerst einen negativen Eindruck machen, aber in Wirklichkeit große Chancen für Ihre persönliche Entwicklung bieten.

Manchmal begegnen Sie Menschen, denen das Leben scheinbar sehr leicht von der Hand geht. Sie sehen gut aus, sind beruflich erfolgreich, wohlhabend, haben viele Freunde und immer, wenn Sie ihnen begegnen, haben sie ein Lächeln auf den Lippen, so als gäbe es keine trübe Wolke an ihrem Himmel. Selbstverständlich wird man in solchen Momenten neidisch, denn schließlich wissen Sie ganz genau, wie schwierig das Leben sein kann und entsprechend scheint es unmöglich, in allem erfolgreich und dauerhaft glücklich sein zu können. Der Neid in Ihnen wächst und entwickelt sich hin und wieder auch zu Missgunst.

An manchen Tagen sind Sie einfach unzufrieden mit sich selbst. Sie hatten sich viele Ziele gesetzt und wollten jedes einzelne erreichen, aber müssen nun feststellen, dass nichts so wirklich geklappt hat.
Sie haben Ihren neuen Sport- und Ernährungsplan nicht eingehalten und sehr schnell aufgegeben. Entsprechend haben Sie kein Gewicht verloren und sind auch nicht athletischer geworden. Jeder Blick in den Spiegel ist Ihnen unangenehm, da er Sie an Ihr Scheitern erinnert. Zusätzlich sind Sie mit dem Projekt, an dem Sie aktuell arbeiten, stark in Verzug. Sie wollten viel früher fertig werden und endlich den Erfolg für Ihre Mühen ernten, aber das liegt noch fern. In Ihnen entwickelt sich eine Blockade. Die Enttäuschung hindert Sie daran, weiterzuarbeiten und verstärkt somit Ihre innere Unzufriedenheit.

Es kommt hin und wieder vor, dass Ihre Mitmenschen Sie enttäuschen. Häufig handelt es sich um Kleinigkeiten, wie z. B., dass ein guter Freund ver-

gisst, Sie anzurufen, obwohl er es versprochen hatte, oder Sie bei einer Verabredung versetzt. Auch, wenn solche Vorkommnisse Sie nicht gänzlich herunterziehen oder deprimieren, so sorgen sie doch dafür, dass Sie Ihre Freundschaft zu diesem Mitmenschen in Frage stellen.
Leider bleibt es nicht immer bei kleineren Enttäuschungen. Manchmal muss man feststellen, dass man sich jahrelang in jemandem getäuscht hat und nun den hohen Preis dafür zahlt. Man fühlt sich dumm, ausgenutzt und betrogen. Das sind die Enttäuschungen, die Ihr persönliches Glück nachhaltig trüben können.

Diese drei Beispiele sind für Sie wahrscheinlich nichts Neues. Jeder von uns findet sich hin und wieder in solchen oder ähnlichen Situationen wieder. Vielleicht fallen Ihnen noch ganz andere Beispiele aus Ihrem Alltag ein. Welche Situation auch immer Sie von sich kennen: Das Problem sind nicht die negativen Empfindungen an sich, sondern das, was Sie daraus machen! Wie vorhin bereits erwähnt, gibt es an jeder schlechten Sache auch etwas Gutes. Das ist kein Aberglaube und auch keine Ausrede für Menschen, die sich nicht mit den negativen Aspekten des Lebens auseinandersetzen wollen. Es ist eine Tatsache. Und aus genau diesem Grund ist es lohnenswert, seine Sichtweise anzupassen und entsprechend zu handeln.

Es macht Sie nicht zu einem schlechten Menschen, hin und wieder neidisch zu sein. Natürlich sollten

Sie stets darauf bedacht sein, sich auf Ihr eigenes Leben zu konzentrieren, aber eine konsequente Ausführung dessen würde früher oder später zu einem Tunnelblick führen, der Sie langfristig von Ihren Mitmenschen isoliert. Denken Sie an das neunte Kapitel: Das Leben der Anderen ist kein Maßstab für Ihr eigenes. Überlegen Sie sich, ob das, was Sie an anderen Menschen beneiden, einen wirklichen Nutzen für Sie hätte. Wenn ja, dann seien Sie nicht missgünstig, sondern fühlen Sie sich motiviert. Freuen Sie sich für andere! Entwickeln Sie die Motivation, auch etwas für Sie Wichtiges zu schaffen. Betrachten Sie es als positiv, dass bereits jemand etwas erreicht hat, das Sie auch erreichen wollen. Es ist der eindeutige Beweis dafür, dass es nicht unmöglich ist und dass Ihre Ziele nicht zu hoch gesteckt sind. Sagen Sie sich: »Ich schaffe das auch!«, und finden Sie in Ihrer Motivation die Kraft, Ihre Ziele endlich zu erreichen. Seien Sie niemals deprimiert, weil jemand etwas hat oder kann, was Sie auch gerne hätten oder können würden. Kein Mensch ist besser als der andere. Daraus resultiert die Schlussfolgerung, dass auch Sie schaffen können, was Sie an anderen beneiden.

Wenn Sie unzufrieden mit sich sind, weil Sie bestimmte Ziele noch nicht erreicht haben, dann sollten Sie sich zu allererst vor Augen führen, dass Sie den Erfolg nicht schneller herbeirufen, indem Sie sich beschweren oder hängen lassen. Es gibt nur eine Möglichkeit, um an seine Ziele zu gelangen. Man muss sich auf sie zubewegen! Wenn Sie nachgeben, wird alles nur schlimmer und Ihre Unzufriedenheit stärker. Ärgern Sie sich ruhig über sich selbst, aber nutzen Sie die dabei entstehende Energie positiv. Setzen Sie sie in Sport um. Powern Sie sich so richtig aus! Tun Sie sich etwas Gutes. Gehen Sie mit neuem Elan an Ihre Projekte und erarbeiten Sie neue Fortschritte. Das ist übrigens nicht leichter gesagt als getan. Es sollte uns immer leichter fallen, etwas Förderliches zu tun, als uns hängen zu lassen. Was Sie letztendlich machen, hängt von Ihrer Einstellung ab. Sie können sie positiv beeinflussen, indem Sie lernen, Ihre negativen Empfindungen als Energiequelle für Positives zu nutzen.

Wenn andere Menschen Sie enttäuschen, geben Sie häufig sich selbst die Schuld daran. Das ist im Grunde genommen vollkommen richtig, denn Sie erkennen somit Ihre Eigenverantwortung für alle Geschehnisse in Ihrem Leben an. Sie werfen sich vor, sich geirrt zu haben und einem Menschen, der Ihre Zeit und Aufmerksamkeit nicht verdient, zu viel davon gegeben zu haben. In manchen Fällen mag das durchaus der Fall sein, aber das ist kein Grund, deprimiert zu sein. Sie sollten darin viel eher die Chance erkennen, es zukünftig besser zu machen! Freuen Sie sich darüber, dass Sie nun Zeit und Aufmerksamkeit für Menschen haben, die sie wirklich verdienen. Verstehen Sie, dass negative Erfahrungen zwingend notwendig sind, um etwas künftig besser machen zu können. Enttäuschungen durch andere Menschen lassen Sie eine bessere Menschenkenntnis entwickeln und ermöglichen es Ihnen, bessere und intensivere Freundschaften zu schließen.

In jeder negativen Erfahrung steckt auch etwas Gutes und jede negative Empfindung setzt Energie in Ihnen frei. Richten Sie Ihren Blick auf das Gute und nutzen Sie die Energie, um es zu erreichen. Wenn Sie das nicht tun, werden Sie ewig nur das Schlechte in Ihren Erlebnissen sehen und sich ständig fragen, warum Sie nicht glücklicher und erfolgreicher werden, obwohl Sie es doch so sehr wollen. Es liegt ganz bei Ihnen.

25)
Alle Türen stehen offen

Ich erlebe es häufig, dass Menschen sich darüber beschweren, zu viele Chancen verpasst zu haben. Sie sprechen davon, zu alt zu sein, um noch grundlegend etwas verändern zu können. Sie sagen sich, ihre schlechten Gewohnheiten seien mittlerweile so festgefahren, dass sie nichts mehr daran ändern können. Sie limitieren sich und ihr Leben mit ihren Gedanken und finden sich damit ab, ein eingeschränktes Dasein zu fristen. Kennen Sie das von sich? Gibt es bestimmte Umstände in Ihrem Leben, mit denen Sie sich abgefunden haben, weil Sie der Meinung sind, es ließe sich eh nichts mehr daran ändern? Wenn ja, dann sollten Sie diesem Kapitel aufmerksam folgen.

Es gibt eine wichtige Wahrheit, die Sie kennen müssen: Ihnen stehen jederzeit alle Türen des Lebens offen. Jederzeit! Sie sind niemals zu alt, um etwas zu beginnen oder zu verändern und es gibt keine Gewohnheit, die »zu tief« sitzt, um durch eine bessere abgelöst zu werden. Es gibt keine Fähigkeit, die Sie nicht erlernen können und es gibt kein Wissen, das Sie sich nicht mehr aneignen können. Alles ist jederzeit möglich!

Wir wissen nicht, wie lange wir leben werden und deshalb ist es nicht möglich, abzuschätzen, ob die verbleibende Zeit noch für etwas Bestimmtes »reicht« oder nicht. Solange Sie leben, verfügen Sie über Zeit. Das ist alles, was Sie wissen müssen. Gepaart mit der Tatsache, dass nichts unmöglich ist und dass keins Ihrer Ziele zu hoch gesteckt sein kann, ergibt sich die Möglichkeit, jederzeit alles tun zu können. Erinnern Sie sich daran, dass wir in diesem Buch bereits behandelt haben, dass alles für uns zur Wahrheit und Realität werden kann. Wir können jede Überzeugung annehmen und ihr entsprechend handeln. Entsprechend lassen sich alle Um- und Zustände anpassen oder aufheben und durch neue ersetzen.

Die meisten Menschen sind der Überzeugung, Erfolg habe man erst dann, wenn man sein Ziel erreicht. Das ist jedoch nicht ganz richtig. Jeder einzelne Schritt auf dem Weg zum Ziel ist ein Erfolg. Die zwingende Voraussetzung zum Erreichen seiner Ziele ist die Fortbewegung, welche den wahren Unterschied zwischen einem erfolgreichen und einem erfolglosen Menschen ausmacht. Wenn man nur das Erreichen eines Gesamtziels als Erfolg anerkennt, muss man am Ende seines Lebens ernüchtert feststellen, dass man sehr viel gearbeitet, aber nur wenig geschafft hat. Erkennt man jedoch auch sein Engagement und seine Leidenschaft als Erfolg an, hat man Vieles, worauf man stolz sein kann. Im Klartext heißt das: Wenn Sie 85 Jahre alt sind und auf die Idee kommen, der schnellste Sprinter der Welt werden zu wollen, stehen Ihre Chancen tatsächlich nicht sehr gut, da es nun einmal biologische und physikalische Gesetze gibt, die diesem Vorhaben im Weg stehen. Das bedeutet jedoch nicht, dass Sie sich sportlich nicht mehr betätigen können, um mehr Lebensqualität zu gewinnen.

Genauso wird es schwierig sein, in diesem Alter noch das wirtschaftlich stärkste Unternehmen der Welt zu gründen. Aber erstens ist das nicht gänzlich ausgeschlossen (wer weiß, welche Innovation die Welt bewegen könnte) und zweitens ist das kein Grund, geschäftlich nicht mehr aktiv zu sein. Seinen Weg zum Erfolg zu gehen, macht mehr Spaß als das Ziel zu erreichen. Denken Sie einmal darüber nach: Wenn man sein Ziel erreicht, muss man sich direkt wieder ein neues setzen, um nicht zu stagnieren. Das, was den wahren Reiz am Erfolg ausmacht, ist der Weg dorthin. Man erfindet sich jeden Tag neu und lernt, über sich hinauszuwachsen. Man sprengt die eigenen Grenzen und lernt, das Leben aus einer anderen Perspektive zu betrachten. Es ist niemals zu spät, um diese Erfahrung zu machen, ganz im Gegenteil: Man sollte sie so oft wie möglich machen!

Schlechte Gewohnheiten sind für viele Menschen ein Störfaktor. Sie wünschten, sie könnten etwas dagegen unternehmen, fühlen sich ihnen jedoch ausgeliefert. Vielleicht kennen Sie das von sich selbst. Vielleicht würden Sie gerne das Rauchen aufgeben oder weniger Süßes naschen, doch Sie können sich beim besten Willen nicht dazu durchringen. Vielleicht sind Sie auch einfach bei allen möglichen Anlässen zu spät oder haben Schwierigkeiten damit, sich komplett auf eine einzige Sache zu konzentrieren. Was auch immer Ihre schlechte Gewohnheit ist: Sie sind ihr nicht ausgeliefert. Es gibt keine Gewohnheit, die zu tief sitzt, um zum Positiven verändert zu werden. Jeder Gedanke kann sich in Ihrem Unterbewusstsein festsetzen und das bedeutet gleichzeitig, dass auch jeder Gedanke überschrieben werden kann.

Bei Ängsten muss man sich beweisen, dass die ursprüngliche Angst unbegründet ist, indem man sich ihr stellt und merkt, dass einem nichts passiert. Bei Ihren schlechten Gewohnheiten ist das Prinzip dasselbe: Sie müssen sich zuerst überlegen, weshalb Ihr unterbewusstes Verhalten nicht förderlich ist und sich eine bessere Alternative überlegen. Im Anschluss handeln Sie diesen neuen Gedanken entsprechend und teilen Ihrem Unterbewusstsein so mit, dass Sie nun eine bessere Lösung haben. In der Praxis heißt das: Wenn Sie das Rauchen aufgeben, dann beginnen Sie so früh wie möglich, die Vorteile darin zu erkennen. Loben Sie sich dafür, dass Sie nun nicht mehr unangenehm riechen und informieren Sie sich über die zahlreichen gesundheitlichen Vorteile, die Sie sich nun sichern. Bestärken Sie sich darin, dass es richtig ist, gesund zu leben.
Wenn Sie sich Ihre Unpünktlichkeit abgewöhnen wollen, müssen Sie genau darauf achten, ein besseres Zeitmanagement an den Tag zu legen. Schreiben Sie dem pünktlichen Erreichen Ihrer Termine höchste Priorität zu und loben Sie sich immer dann, wenn es Ihnen gelingt. Lassen Sie Ihre Siegesserie nicht ab-

reißen und führen Sie sich die positiven Vorteile vor Augen, die Sie dadurch erlangen. Sie sind weniger gestresst, verärgern Ihre Mitmenschen seltener und lernen, sich Ihre verfügbare Zeit besser einzuteilen. Im Prinzip ist das Ganze tatsächlich so simpel. Es gibt keine geheimen Tricks oder Abkürzungen zum Erfolg. Das, was das Ganze so schwierig macht, ist die eigene Überwindung zu einem neuen Verhalten. Es ist für uns ungewohnt, entgegen unserer Gewohnheiten zu handeln. Deshalb müssen Sie die erste Zeit lang auf Ihre bewussten Gedanken achten und aufpassen, dass Sie sich nicht plötzlich dabei erwischen, alten Gewohnheiten nachzugehen.

Seien Sie geduldig mit sich. Ihre bisherigen Gewohnheiten haben eine Weile gebraucht, um sich in Ihrem Leben zu etablieren, also sollten Sie sich auch ein wenig Zeit dafür geben, um sie zu ändern. Durchhaltevermögen und Kontinuität sind die Schlüssel zum Erfolg. Entwickeln Sie Routinen, in denen Sie Ihren neuen Vorstellungen entsprechend handeln und Sie werden feststellen, dass Ihre alten Gewohnheiten sich bald wie von selbst auflösen werden. Sie werden von neuen und besseren Alternativen regelrecht überschrieben.

Ihnen stehen zu jedem Zeitpunkt alle Türen des Lebens offen. Verinnerlichen Sie diesen Glaubenssatz, bis er für Sie zur Wahrheit wird. Er wird Ihre Grenzen auflösen und Sie verstehen lassen, dass es niemals zu spät ist, um etwas zum Positiven zu verändern. Die Aussage, man sei zu alt für etwas oder habe eine grundlegende Chance verpasst, ist eine Ausrede für Menschen, die nicht genügend Motivation oder Ehrgeiz haben, um nach ihrem persönlichen Glück zu streben. Nehmen Sie sich kein Beispiel daran. Denken Sie nicht an Grenzen, sondern an Möglichkeiten.

26) Die Grundvoraussetzung für jeden Erfolg

Der Wunsch nach wahrem Glück und Erfolg ist tief in uns verankert. Jeder von uns stellt sich etwas anderes darunter vor, aber Fakt ist, dass wir alle diese Erfüllung erreichen wollen. Wir stellen uns nicht nur unterschiedliche Dinge darunter vor, sondern haben auch unterschiedliche Herangehensweisen an dieses Vorhaben. Manche Menschen suchen sich Vorbilder und versuchen, ihre Erfolgswege nachzuvollziehen, um in ihre Fußstapfen treten zu können. Manche machen sich ihre eigenen Gedanken darüber, was für sie funktionieren könnte und probieren es anschließend aus. Wieder andere wünschen sich, erfolgreich zu sein und belassen es dabei. Sie sind voller guter Hoffnung und vertrauen darauf, dass sie eines Tages glücklich sein werden, wenn sich die richtige Chance oder der richtige Zufall ergibt. Letztere sind in der Regel jene, die ihr wahres Glück nicht finden und ihre Ziele nicht erreichen.

Bereits im Einführungskapitel dieses Buches habe ich Sie darauf hingewiesen, dass es nicht reicht, dieses Buch einfach nur zu lesen. Wenn Sie wirklich einen wahren Nutzen daraus ziehen wollen, müssen Sie sich mit dem Gelesenen auseinandersetzen und entscheiden, ob es für Sie von Bedeutung ist oder nicht. Wenn ja, dann müssen Sie die Gedanken aufnehmen und in Ihren Alltag integrieren. Sie müssen Ihren neuen Erkenntnissen und Ihrer Motivation entsprechend handeln, damit sich etwas verändert. Gute Gedanken können Sie motivieren, trösten und inspirieren, aber sie können nicht alleine handeln. Sie müssen durch Ihre aktive Mithilfe zum Ausdruck gebracht werden, um reale Resultate zu erzielen.

Hunger ist ein natürliches Bedürfnis, das uns die Notwendigkeit einer neuen Nahrungsaufnahme signalisiert. Was machen Sie, wenn Sie hungrig sind? In erster Linie denken Sie daran, dass Sie etwas essen möchten und im nächsten Schritt daran, was es sein soll. Doch ist der Vorgang damit abgeschlossen? Ist Ihr Hunger nun gestillt und können Sie sich nun wieder ungestört anderen Dingen widmen? Natürlich nicht. Sie können Ihren Hunger nur stillen, indem Sie tatsächlich etwas essen. Sie können noch so intensiv an alle möglichen Nahrungsmittel, ihre Zubereitung und sogar an den Essvorgang an sich denken, aber es wird Ihnen alles nichts nützen. Satt sind Sie erst dann, wenn Sie Ihren Gedanken entsprechend gehandelt, also etwas gegessen haben.

Wenn Sie bei schönem Wetter zu Hause sind und aus dem Fenster schauen, überkommt Sie häufig der Drang, das Haus zu verlassen, um das Wetter zu genießen. Zuerst kommt das Bedürfnis, etwas zu unternehmen und anschließend überlegen Sie sich, was genau das sein soll. Sie treffen einen Entschluss: Sie möchten in den nahegelegenen Park gehen. War es das nun? Ist Ihr Plan damit abgeschlossen? Selbstverständlich nicht. Sie können sich Ihren Ausflug und den Park so detailliert vorstellen, wie Sie möchten, werden aber trotzdem nicht dort ankommen, wenn Sie sich nicht auf den Weg machen und handeln.

Beide Beispiele beschreiben für uns selbstverständliche Angelegenheiten und es wirkt fast schon albern, den Prozess dahinter zu hinterfragen, nicht wahr? Wie albern ist es dann, dass wir häufig gute Vorsätze fassen, bei der Konzipierung unglaublich kreativ werden und es anschließend dabei belassen?

So selbstverständlich, wie es ist, nicht nur an sein Mittagessen zu denken, sondern es auch tatsächlich zuzubereiten und zu essen, muss es auch für Sie sein, Ihre Pläne und Vorsätze umzusetzen. Jeder produktive Gedanke braucht eine praktische Umsetzung. Jeder! Im Prinzip ist es so einfach und dennoch stehen wir uns häufig selbst im Weg. Wir denken zu viel und zögern, da wir Angst davor haben, Fehler zu begehen. Wir warten auf bessere Gelegenheiten und während wir warten, zieht das Leben, mitsamt allen guten Gelegenheiten, an uns vorbei.

Erfolgreiche Menschen werden häufig gefragt, was das Geheimnis hinter ihrem Erfolg ist. Die meisten antworten darauf, dass sie stets handeln und niemals aufgeben. Es gibt viele erfolgreiche Unternehmer, die keine umfangreiche Schulbildung und auch keinen

Universitätsabschluss vorzuweisen haben. Sie haben sich früh dazu entschieden, einfach zu handeln und auf diese Weise Erfahrungen zu sammeln. Wenn sie einen Fehler machen und scheitern, lernen sie daraus und stehen wieder auf. Sie machen neue Pläne, basierend auf ihren neuen Erfahrungen und handeln diesen neuen Plänen entsprechend, bis sie wieder einen Punkt erreichen, an dem sie umdenken müssen. Es ist im Grunde eine sehr simple, aber erfolgsversprechende Vorgehensweise.

Nur durch Handlungen können Resultate erzielt werden. Dabei gibt es keine Garantien, dass man immer den gewünschten Erfolg hat, aber es gibt die Garantie, dass sich etwas verändern wird. Wenn Sie sich auf den Weg in den Park machen, wissen Sie noch nicht, was Sie unterwegs erwarten wird. Sie wissen nicht, ob Sie überhaupt dort ankommen werden. Es gibt jedoch auch nur einen Weg, um es herauszufinden. Wenn Sie einfach nur zu Hause bleiben, verpassen Sie das Leben um sich herum und sind unzufrieden darüber. Damit ist Ihnen definitiv nicht geholfen.

Wer einen Sprung wagt, kann stürzen. Wer nicht springt, wird niemals so hoch hinaus kommen wie die anderen, die es sich trauen. Es ist Ihre Entscheidung.

Ich habe in den letzten Jahren so manche Lesermails erhalten, in denen mir skurrile Vorwürfe gemacht werden. Ich erinnere mich an eine Leserin, die mir schrieb, sie habe mein Buch »Endlich selbstbewusst!«

nun schon dreimal gelesen, sei aber noch nicht selbstbewusster. Sie sei inzwischen nur wütender, da sich nichts verändert habe. Ich fragte sie, ob es denn wirklich nicht einen einzigen Ratschlag darin gäbe, der ihr geholfen hat. Ob ich ihr vielleicht bei der Anwendung helfen könnte und ob sie etwa negative Reaktionen durch ihre Mitmenschen erfahren habe.
Daraufhin antwortete sie mir, es sei bestimmt nicht ihre Aufgabe, das Gelesene anzuwenden oder sich mit ihren Mitmenschen auseinanderzusetzen. Sie habe Geld für das Buch bezahlt und Zeit darin investiert und sie würde nun verlangen, auf der Stelle selbstbewusster zu sein.
Ich möchte Ihnen ausdrücklich empfehlen, sich kein Beispiel daran zu nehmen. Nicht, weil ich mich vor wütenden Lesermails fürchte, sondern weil man keinem Menschen zu mehr Lebensqualität verhelfen kann, der nicht bereit ist, seine Eigenverantwortung anzuerkennen.

Es ist Ihre Aufgabe, Verantwortung für sich und Ihr Leben zu übernehmen und Ihren positiven Gedanken entsprechend zu handeln. Dann, und nur dann werden Sie merken, wie sich Stück für Stück zahlreiche Bereiche Ihres alltäglichen Lebens weiterentwickeln. Sie werden glücklicher, zufriedener und ausgeglichener sein.

Lassen Sie sich von den Anregungen in diesem Buch inspirieren und motivieren, aber erwarten Sie nicht, dass sich etwas von alleine ändert. Nur Sie haben die Macht, Ihr Leben nachhaltig zu beeinflussen, also machen Sie Gebrauch davon. Immer dann, wenn Sie Pläne schmieden oder gute Vorsätze fassen, sollten Sie an die beiden vorhin genannten Beispiele denken. Eine Notwendigkeit zur Veränderung zu verspüren und konkrete Maßnahmen zu planen, ist unerlässlich. Das ist jedoch noch lange nicht das Ende der Reise, sondern erst der Beginn.

»Weniger denken, mehr handeln!« Mit diesem Motto werden Sie Ihre Fortschritte erheblich beschleunigen. Probieren Sie es aus!

27)
Blicken Sie nicht zurück

Zu Beginn des Buches haben wir uns mit dem unschätzbaren Wert der Zeit und der Notwendigkeit eines gesunden Zeitbewusstseins beschäftigt. Es ging vor allem darum, kostbare Zeit nicht ungenutzt an sich vorbeiziehen zu lassen. Genauso wichtig ist es, die Zeit nicht mit sich herumzutragen, um nicht unnötig belastet durch das Leben zu gehen. Lassen Sie uns einen genaueren Blick darauf werfen, was das bedeutet.

Die Zeit ist ein unsichtbarer, aber unglaublich mächtiger Faktor in unserem Leben. Wie ein alles umfassender Fluss strömt sie durch unser Leben und trägt uns alle mit sich. Es ist nicht möglich, darin stehenzubleiben oder zu springen. Man muss sich diesem Fluss anpassen und das Beste daraus machen. Obwohl es nicht möglich ist, in diesem Fluss stehenzubleiben, gibt es zahlreiche Menschen, die genau das versuchen und jedes Mal aufs Neue scheitern. Die unvermeidbare Konsequenz dessen ist eine tief reichende Unzufriedenheit.

Viele Menschen versuchen, in der Vergangenheit zu leben, obwohl sie ganz genau wissen, dass das nicht möglich ist. Zum Beispiel sehnen sie sich nach Menschen, zu denen sie keinen Kontakt mehr haben, da diese verstorben sind, andere Lebenswege eingeschlagen haben oder sich aufgrund von Streitigkeiten entfernt haben. Haben Sie auch schon aufgrund der Sehnsucht nach vergangenen Tagen das Leben in der Gegenwart vernachlässigt? Wenn ja, dann wissen Sie, wie frustrierend es ist, an Erinnerungen festzuhalten, da diese nicht annähernd so real wie das Leben im Jetzt sind. Man versinkt geistig in seinen Gedanken an das Vergangene und stellt beim Auftauchen fest, dass die Realität wehtut.

Genauso können viele Menschen sich nicht mit den Entscheidungen abfinden, die sie in der Vergangenheit getroffen haben. Sie haben entscheidende Chancen nicht genutzt und können die weitreichen Konsequenzen dessen nicht ertragen. So ist es zum Beispiel ärgerlich, wenn man sich nicht traut, einen Menschen anzusprechen, den man sehr attraktiv und anziehend findet und ihn danach niemals wiedersieht. Man hat das Gefühl, die Chance des Lebens liegen gelassen zu haben. Genauso kann es ein herber Rückschlag sein, wenn man sich an einem Wochenende dazu entscheidet, ausnahmsweise nicht wie sonst an der Lotterie teilzunehmen und dann einen großen Gewinn verpasst. Jede Entscheidung, egal wie klein oder groß, hat das Potenzial, das gesamte Leben entscheidend zu verändern. Manche Menschen können nicht besonders gut damit umgehen.

Ein letztes nennenswertes Beispiel ist das Hängen an alten Erfolgserlebnissen. Sehr viele Menschen erzählen von »besseren Zeiten«, in denen sie glücklich und erfolgreich waren. Sie prahlen mit Erfolgen, die schon seit langer Zeit keinen Belang mehr haben und wollen möglichst jeden wissen lassen, dass sie es waren, die diese Erfolge herbeigeführt haben. Dabei merken sie nicht, dass die Erinnerung an das Vergangene den Weg zu neuen Erfolgserlebnissen versperrt. Sie sind frustriert, weil Erinnerungen sich nicht so gut anfühlen wie reale Erfolge in der Gegenwart, aber kaschieren diese Erkenntnis, indem sie noch tiefer in der Vergangenheit wühlen, um noch mehr aus glorreichen Zeiten erzählen zu können.

Es gibt noch zahlreiche andere Beispiele für das Festhalten an Vergangenem. Wir sind absolute Meister darin. Manche mehr und manche weniger. Fest steht jedoch, dass wir uns alle hin und wieder wünschen, die Zeit könnte eine kleine Ausnahme für uns machen. Die Realität lässt uns wissen, dass das nicht passieren wird. Niemals. Die Zeit ist ebenso konsequent wie der Tod. Sie bewegt sich immer weiter, und zwar konstant und in derselben Geschwindigkeit. Aus diesem Grund müssen wir früher oder später lernen, loszulassen, was hinter uns liegt und uns auf das Jetzt zu konzentrieren.

Stellen Sie sich Ihr Leben als einen sehr langen Weg vor. Er beginnt an einem gewissen Punkt und wird irgendwo enden. Sie wissen nicht, wo. Um es herauszufinden, müssen Sie sich auf den Weg machen. Der Lauf der Zeit sorgt dafür, dass Sie sich unaufhörlich vorwärtsbewegen, immer im gleichen Tempo.

Sie können an diesem Tempo nichts ändern, da es zu den Gesetzen des Lebens gehört. Auf Ihrem Weg begegnen Sie den unterschiedlichsten Menschen und Dingen. Manche gehen ein Stück mit Ihnen gemeinsam und entscheiden sich dann dazu, eine Abzweigung zu nehmen, die in eine andere Richtung führt. Hin und wieder müssen Sie sich zwischen zwei oder mehreren Wegen entscheiden. Sie werden jeden Tag aufs Neue überrascht. Überall warten neue Überraschungen, Herausforderungen und Aufgaben auf Sie. Deswegen ist es so wichtig, dass Sie nicht nach hinten blicken. Wenn Sie geradeaus laufen, aber nach hinten blicken, verpassen Sie, was um Sie herum geschieht. Sie verlieren den Überblick darüber, in welche Richtung Sie gehen und Sie bereiten sich nicht optimal auf das vor, was Sie noch erwarten könnte.

Es ist nicht möglich, zurückzugehen, aber es ist möglich, in der Gegenwart zu handeln. In einem realen Leben mit realen Aufgaben und Herausforderungen müssen Sie sich auf die Realität konzentrieren. Ihre Erinnerungen sind zwar Erlebtes, aber auch Vergangenes und somit nicht mehr real. Erinnerungen sind nicht so intensiv wie Erfahrungen in der Gegenwart und deshalb können sie Ihnen nicht das Gefühl geben, glücklich und lebendig zu sein. Nur das, was wirklich passiert, kann Sie glücklich und erfolgreich machen.

Natürlich ist es angenehm, schöne Erinnerungen zu haben und selbstverständlich kann man wertvolle Lehren aus ihnen ziehen. Es ist jedoch gefährlich, sich immer nur auf das zu fixieren, was einmal war, da es keinen realen Stellenwert mehr im Jetzt hat.

Jeder einzelne Moment ist einzigartig und sollte wertgeschätzt werden. Jede Sekunde, die Sie erleben, wird nicht mehr zu Ihnen zurückkehren. So, wie Sie die schönen Momente in der Vergangenheit genossen haben, sollten Sie auch die Gegenwart genießen. Auch die Gegenwart wird irgendwann Vergangenheit für Sie sein und spätestens dann werden Sie bereuen, sie nicht wertgeschätzt zu haben.

Die Vergänglichkeit ist nicht unser Feind. Sie gehört zum natürlichen Lauf der Dinge und ist oft sogar sehr hilfreich. So können zum Beispiel negative Erlebnisse aus der Vergangenheit Ihnen nichts mehr anhaben, da sie hinter Ihnen liegen. Sie können nicht zu Ihnen zurückkehren. Schlechte Erinnerungen haben nur dann einen negativen Einfluss auf Ihr Leben, wenn Sie sie mitschleppen. Sie müssen das nicht tun. Vergangenes mitzutragen, ist gegen den Lauf der Zeit. Es ist nicht möglich und deshalb sollten Sie es auch nicht versuchen. Lassen Sie los, was hinter Ihnen liegt.

Vergeben Sie den Menschen, die Ihnen geschadet haben, denn sonst schaden Sie sich selbst, indem Sie die Erinnerung mit sich tragen. Lassen Sie die Menschen los, die Sie verloren haben. Diese werden nicht mehr zu Ihnen zurückkehren. Sie hatten Ihre gemeinsame Zeit und diese ist nun aufgebraucht. Finden Sie sich mit den Entscheidungen ab, die Sie getroffen haben, denn es lässt sich nichts mehr an ihnen ändern. Denken Sie daran, dass jede negative Erfahrung auch etwas Positives hat. Erkennen Sie, warum es gut war, wie Sie entschieden haben und freunden Sie sich mit dem Weg an, den Sie eingeschlagen haben. Gute Gelegenheiten ergeben sich immer, wenn Sie aufmerksam durch das Leben gehen und sie somit erschaffen! Hängen Sie nicht an alten Erfolgen, sondern sorgen Sie für neue. Geben Sie sich nicht mit den Erinnerungen an Vergangenes zufrieden und holen Sie sich das reale Erfolgsgefühl zurück in Ihr Leben. Sie haben einen großen Erfahrungsschatz, auf den Sie zurückgreifen können.

Je mehr Sie erleben und je mehr Sie entscheiden, desto aufregender und schöner ist Ihr Leben. Freunden Sie sich mit dem niemals stoppenden Fluss der Zeit an und machen Sie das Beste daraus. Blicken Sie nicht zurück. Verpassen Sie nicht die Herrlichkeit um Sie herum. Schätzen Sie jeden Augenblick, denn auch die Gegenwart wird irgendwann Vergangenheit sein.

28)
Was nicht nur gut, sondern notwendig ist

Einer der Hauptgründe dafür, dass Menschen an der Vergangenheit hängen, ist die Angst vor Veränderungen. Sie wollen sich nicht damit abfinden, dass Menschen, die sie mochten, nun nicht mehr da sein werden. Sie fürchten sich vor dem Leben ohne diese Personen, da es anders ist. Sie fürchten sich davor, die Konsequenzen für ihre Entscheidungen zu tragen, da das Leben nun anders als zuvor sein wird und sie fürchten sich vor der Veränderung im Allgemeinen, weil sie uns aus der Komfortzone zieht und dazu zwingt, Verantwortung zu übernehmen und das Leben weiter zu gestalten und anzupassen.

Die Veränderung ist so unumstößlich wie der Tod und die Zeit. Das Leben ist eine große Entwicklung, in der sich ständig irgendwelche Faktoren und Variablen ändern. Alleine unser Körper ist ein Meister der Veränderung. In jedem Moment verändern sich Millionen von Zellen in uns. Veränderung und Entwicklung sind die Essenz des Lebens. Werfen Sie einmal einen genaueren Blick auf die Phänomene der Natur: Nichts bleibt, wie es ist. Alles entwickelt sich, erreicht einen Höhepunkt, verfällt und erneuert sich wieder oder kehrt in anderer Form zurück. Die Veränderung ist nichts, wovor man sich fürchten muss, sondern ein fester Bestandteil des Lebens. Wer sie vermeiden will, kämpft gegen seine eigene Natur. Ein Kampf, der nicht gewonnen werden kann.

Der einzige Stillstand, den wir je erfahren, ist der Tod. Wenn wir aufhören, uns zu verändern, sterben wir. Auf unseren Geist bezogen gilt dasselbe Prinzip. Unser Leben verliert jeden Reiz, wenn wir aufhören, uns weiterzuentwickeln. Alles im Leben kommt und geht. Nichts währt ewig, genau wie das Leben selbst. Es ist daher unnötig, sich vor der Veränderung zu fürchten oder sie abzulehnen. Das Leben ständig neu kennenzulernen und sich immer wieder neu zu erfinden, macht nicht nur Spaß, sondern sorgt auch für wahre Lebensqualität.

Je weiter Sie sich entwickeln, desto mehr Erfahrungen sammeln Sie. Diese neuen Erfahrungen helfen Ihnen dabei, bereits Bekanntes zu bewerten, aus neuen Blickwinkeln zu betrachten oder neue Erkenntnisse zu gewinnen. Sobald Sie alte Erkenntnisse mit neuen, besseren, zutreffenderen und zeitgemäßeren überschreiben, leiten Sie eine Veränderung ein. Das ist nicht schlimm, sondern vollkommen natürlich. Mit Ihnen entwickeln sich auch Ihr Bewusstsein und Ihre Ansichten zu verschiedenen Themen des Lebens weiter.

In der Psychologie spricht man davon, dass »leben« bedeutet, Entscheidungen zu treffen. Die Fähigkeit,

Eigenverantwortung zu übernehmen und Entscheidungen zu treffen, die unseren Lebensweg beeinflussen, ist das, was unser Leben besonders und individuell macht. Mit jeder einzelnen Entscheidung leiten Sie Veränderungen ein, ob Sie es wollen oder nicht. Jede noch so kleine Entscheidung kann weitreichende Veränderungen bewirken. Zum Beispiel kann es sein, dass Sie pünktlich um 8 Uhr am Morgen das Haus verlassen und auf der Straße von einem Auto angefahren werden, wodurch Sie an einen Rollstuhl gefesselt werden. Genauso kann es aber auch sein, dass Sie das Haus erst um 8:01 Uhr verlassen, den tragischen Unfall »verpassen« und anschließend in der Bäckerei die Liebe Ihres Lebens kennenlernen.

Ob Sie wollen oder nicht: Sie treffen ständig Entscheidungen und verändern somit sich und Ihr Leben fortlaufend. Es ist ganz natürlich, also sollten Sie sich nicht davor fürchten. Sie haben sich im Laufe der Zeit daran gewöhnt, sich auf Veränderungen einzustellen. Ein Jobwechsel, der Kauf eines neuen Autos, der Umzug in eine neue Wohnung, das Ende einer Partnerschaft, usw. All das sind Veränderungen, an die Sie sich bereits erfolgreich angepasst haben. Es liegt in Ihrer Natur, das zu tun. Also welche Veränderungen auch immer noch auf Sie zukommen mögen, Sie werden damit umgehen können. Wir Menschen haben sehr viel Übung darin, nur ist uns das manchmal nicht bewusst.

Viele Menschen fühlen sich dem Leben gegenüber machtlos und beschweren sich darüber, zu Veränderungen gezwungen zu werden. Gewissermaßen entspricht das auch der Wahrheit. Die Vergänglichkeit zwingt uns zur Anpassung. Wie Sie damit umgehen, liegt ganz bei Ihnen. Sich mit dem Lauf der Dinge anzufreunden, bedeutet nicht, zu resignieren oder sich aufzugeben. Sie haben immer noch die volle Kontrolle über Ihr Leben und alles, was darin geschieht. Sie müssen sich nur damit abfinden, dass das Leben von natürlichen Rahmenbedingungen bestimmt wird. Diese haben nichts mit Geld oder Politik zu tun, sondern eher mit der Unvermeidlichkeit des Todes, der Zeit, der Vergänglichkeit und den Gesetzen der Physik.

Anstatt sich zu sagen, dass das Leben Sie zu Veränderungen zwingt, können Sie das Ganze auch einfach positiv sehen. Sagen Sie sich, dass Sie ein moderner und fortschrittlicher Mensch sind und sich dem Lauf der Dinge anpassen. So bleiben Sie glücklich, ausgeglichen und bringen Ihre kostbare Zeit nicht dafür auf, um einen aussichtslosen Kampf gegen Ihre Natur zu führen.

29)
Sparen Sie Zeit, Nerven und Energie

Sie verbringen einen großen Teil Ihrer Lebenszeit mit Ihren Mitmenschen. Zu manchen von ihnen haben Sie eine sehr natürliche und positive Verbindung, mit manchen kommen Sie einfach gut zurecht und dann gibt es noch hin und wieder Personen, mit denen Sie überhaupt nicht auf einen Nenner kommen. Sie haben unterschiedliche Moral- und Wertvorstellungen, glauben an verschiedene Lebensphilosophien und finden einander einfach nicht persönlich oder intellektuell anziehend. Das ist nichts Schlimmes, denn die Individualität jedes einzelnen Menschen macht es unmöglich, mit jedem für eine Freundschaft kompatibel zu sein. Die logische Konsequenz ist also, dass man sich einfach aus dem Weg geht, ohne einander böse sein zu müssen.

Das ist jedoch nur die Theorie. In der Realität sieht es so aus, dass wir häufig in Interessenskonflikte mit anderen geraten. Wir streiten, diskutieren und kämpfen sogar, um unsere Meinung zu vertreten und unser Gegenüber davon zu überzeugen, dass wir ihm überlegen sind oder Recht in einer bestimmten Angelegenheit haben. Doch was bringt das Ganze eigentlich? Haben Sie sich schon einmal Gedanken darüber gemacht, welchen Vorteil Sie gewinnen, wenn Sie Ihre Mitmenschen von Ihrer Meinung überzeugen? Sie gewinnen nichts. Es gibt keine Vorteile. Sie schaffen es nur, einen Menschen so sehr zu nerven oder zu verärgern, dass er sich von Ihnen distanziert.

Wenn man einen anderen Menschen kritisiert oder im Rahmen einer Diskussion offensiv belehrt und mit seinen »Fehlern« konfrontiert, fühlt dieser sich angegriffen und begibt sich eine natürliche Verteidigungshaltung. Es wird niemals passieren, dass jemand auf diese Weise seine Meinung ändert und zu Ihnen sagt: »Vielen Dank, dass du mir die Augen geöffnet hast. Ich bin froh, dass du mich auf meine Fehler aufmerksam gemacht hast, damit ich die Dinge nun endlich richtig sehen kann.« Erinnern Sie sich daran, dass für uns alles zur Wahrheit werden kann, wenn wir nur fest genug daran glauben. Aus diesem Grund gibt es verschiedene Meinungen zu den unterschiedlichsten Aspekten und Dingen des Lebens. Es dauert stets eine Weile, bis ein bestimmter Gedanke von unserem Unterbewusstsein aufgenommen wird. Entsprechend haben auch Ihre Mitmenschen sich Zeit damit gelassen, ihre Überzeugungen zu entwickeln und zu festigen. Sie werden nicht daran rütteln, indem Sie eine hitzige Diskussion führen. Und wieso sollten Sie auch? Es bringt Ihnen persönlich keinen Vorteil, wenn jemand Ihre Meinung oder Ihren Standpunkt als richtig akzeptiert. Das kann in manchen, vor allem in alltäglichen Situationen frustrierend sein, lässt sich aber kurzfristig nicht ändern.

Manchmal geben Ihre Mitmenschen eine Diskussion auf und teilen Ihnen mit, dass Sie gewonnen haben. Das liegt dann jedoch nicht daran, dass Sie Ihr Gegenüber überzeugen konnten. Es bedeutet nur, dass er entweder genervt von Ihnen ist und keine Lust mehr hat, sich weiterhin zu streiten, oder sich vor Ihnen fürchtet und deshalb nicht weiterhin widersprechen möchte. Nichts davon hat einen positiven Effekt für Sie oder Ihre Mitmenschen.

Es gibt nur wenige Menschen in Ihrem Leben, die einen wirklichen Einfluss auf Sie haben. Dies sind die Menschen, die Sie mögen und denen Sie vertrauen. Wenn Sie mit diesen Personen in einen Interessenkonflikt geraten, können Sie einen sachlichen Meinungsaustausch auf Augenhöhe pflegen, um anschließend einen Kompromiss zu schließen. Weil Sie daran interessiert sind, mit diesen Personen ein freundschaftliches Verhältnis zu pflegen, lohnt es sich für Sie, Widersprüche zu klären und Streitigkeiten zu beseitigen. Hierbei ist Ihre Zeit und Energie sinnvoll investiert. Wenn Sie jedoch mit Menschen diskutieren, die keinen großen Einfluss auf Ihr Leben haben und denen Sie nur selten oder sonst niemals begegnen, verschwenden Sie nur Ihre kostbaren Ressourcen, die Sie für andere Zwecke besser und vor allem gewinnbringender einsetzen könnten.

»Recht« zu haben, bedeutet, einen Menschen in seinem Stolz zu kränken und ihn dazu zu zwingen, seine Überzeugung aufzugeben. Wollen Sie das wirklich? Haben Sie das nötig? Und glauben Sie, dass Sie wirklich glücklich und zufrieden sein können, wenn Ihre Mitmenschen sich von Ihnen abwenden, da Sie ihre Meinung nicht respektieren können? Ein wichtiger Bestandteil eines erfüllten Lebens ist, in Einklang mit seinen Mitmenschen zu sein. Ein intaktes Sozialleben ist ein nicht zu unterschätzender Glücksfaktor. Konzentrieren Sie sich deshalb lieber darauf, neue Freundschaften zu schließen und bereits bestehende soziale Bindungen zu pflegen. So werden Sie nicht nur zufriedener, sondern ersparen sich auch eine ganze Menge Ärger.

Häufig sind Sie nicht die Person, die eine Diskussion oder einen Streit auslöst. Manchmal werden Sie einfach in Interessenkonflikte mit anderen Menschen verwickelt und müssen dabei feststellen, dass diese eine katastrophal falsche Sicht der Dinge haben oder sich mit ihrer Einstellung selbst schaden. In solchen Fällen möchten Sie behilflich sein und nehmen sich deshalb die Zeit, um in Ruhe über die Angelegenheit zu sprechen. Sie stellen fest, dass Sie keine Fortschritte machen, unabhängig davon, wie sehr Sie sich bemühen. Ihre besten und objektivsten Argumente kommen nicht bei Ihrem Gegenüber an und auch wenn Sie sich darum bemühen, ein vernünftiges Gespräch auf Augenhöhe zu führen, ist man Ihnen gegenüber aggressiv und irrational. Das Ganze bringt Sie beinahe zur Verzweiflung und am Ende stehen Sie vor zwei Möglichkeiten: Entweder werden Sie wütend und machen aus der Diskussion einen Streit oder Sie verlassen die Situation genervt.

Wenn Sie sich für den Streit entscheiden, folgt übrigens ein ähnliches Ende, dann jedoch mit einer leichten Verzögerung.

Sie können sich all diesen Ärger sparen, indem Sie eine simple Wahrheit anerkennen: Sie können niemandem helfen, der keine Hilfe will. Lassen Sie uns ein paar simple Beispiele betrachten, die das verdeutlichen:

Wenn Sie morgen sterben sollten, wäre das ein schwerer Verlust für Ihre Mitmenschen. Für Sie wäre es jedoch egal. Schließlich wären Sie tot, also könnten Sie sich nicht darüber beschweren und nicht nachvollziehen, dass oder warum Ihre Mitmenschen darunter leiden.
Genauso verhält es sich mit einem Mitmenschen, der sich dumm verhält. Für Sie ist es eine Qual, da Sie die Dummheit in den Aussagen oder Taten Ihres Mitmenschen erkennen. Er selbst jedoch kann das Dumme an der Sache nicht erkennen, da er es selbst hervorgerufen hat. Würde er sich nicht dumm verhalten, würde er den »Fehler« selbst sehen.

Wer uneinsichtig ist, wird nicht durch eine Diskussion einsichtiger werden. Auch hier liegt wieder ein Paradoxon vor. Wäre diese Person nicht uneinsichtig, gäbe es keinen Grund zur Diskussion. Und genauso können Sie nicht einem Menschen helfen, der in Wirklichkeit gar keine Hilfe will, sondern nur das Bedürfnis hat, seine Meinung zu äußern.

Es mag gemein klingen, aber die Wahrheit ist, dass wir hin und wieder andere Menschen ihre Fehler machen lassen müssen, damit sie aus ihnen lernen. Negative Konsequenzen sind häufig der einzige Weg zur Erkenntnis. Sie können jemandem noch so oft sagen, er solle nicht ins Feuer fassen. Wirklich verstehen wird es erst, wenn er sich Ihrem Rat widersetzt.

Sie haben mit sich und Ihrem eigenen Leben mehr als genug zu tun. Es ist nicht Ihre Aufgabe, für all anderen Menschen geradezustehen und genauso wenig ist es die Aufgabe Ihrer Mitmenschen, Ihre Meinung als die einzig richtige und wichtige auf der Welt anzuerkennen. Ihr Leben ist schön und vor allem begrenzt. Nutzen Sie Ihre Zeit und Energie sinnvoll. Gestalten Sie all Ihre Interaktionen mit anderen Menschen positiv und gewinnbringend.

30) Warum Sie ständig enttäuscht werden

Es ist schwierig, glücklich und ausgeglichen zu sein, wenn man regelmäßig enttäuscht wird. Im Alltag erleben wir ständig Situationen, in denen wir uns enttäuscht fühlen. Von unseren Mitmenschen, vom Leben und auch von uns selbst.
Manchmal enttäuschen unsere Mitmenschen uns, indem sie ein Verhalten an den Tag legen, das wir niemals von ihnen erwartet hätten. Sie belügen uns, brechen unser Vertrauen oder sind unzuverlässig, sodass wir durch ihre Nachlässigkeit ein wichtiges Ereignis oder eine wichtige Chance verpassen. Vielleicht kennen Sie das aus Ihrer eigenen Erfahrung. Am Ende sind Sie einfach fassungslos und sagen sich, dass Sie das niemals von dieser Person erwartet hätten. Die Konsequenz solcher Erfahrungen ist, dass Sie verschlossener werden. Es fällt Ihnen fortan schwieriger, anderen zu vertrauen, da Sie sich davor fürchten, erneut enttäuscht zu werden. Es gibt viele Menschen, bei denen dieses entstehende Misstrauen sich so stark ausprägt, dass ihr gesamtes Sozialleben massiv darunter leidet.

In diesem Kapitel möchte ich Ihnen näherbringen, wie Sie sich vor Enttäuschungen schützen können, ohne Vertrauensprobleme zu entwickeln. Eine wichtige Voraussetzung hierfür ist, dass Sie aufgeschlossen sind und sich und Ihre Situation objektiv betrachten.

Zunächst einmal ist es wichtig, sich vor Augen zu führen, dass die Mehrzahl der Enttäuschungen, die Sie im Alltag erfahren, in Wirklichkeit gar keine Enttäuschungen sind, sondern nur unerfüllte Erwartungen. Bereits im Vorwort und Einführungskapitel dieses Buches habe ich Sie zum Beispiel darauf hingewiesen, dass Sie nicht erwarten sollten, alleine durch das Lesen dieser Zeilen zu mehr persönlichem Glück und Lebensqualität zu kommen. Wer das erwartet, wird enttäuscht werden. Was wäre nun die richtige Sichtweise auf die Angelegenheit? Habe ich die Leserinnen und Leser enttäuscht, weil mein Buch keine Wunder bewirkt oder hat eine Person falsche Erwartungen gehabt, die nicht erfüllt wurden und somit zur Enttäuschung führten?

Es ist wichtig, diesen feinen Unterschied zu erkennen, denn er kann Sie vor zahlreichen Enttäuschungen im alltäglichen Leben bewahren! Grundsätzlich sollten Sie sich immer dann, wenn Sie sich enttäuscht fühlen, fragen, ob Sie es mit unerfüllten Erwartungen oder einer wahren Enttäuschung zu tun haben. Lassen Sie mich Ihnen hierfür einen echten Klassiker als Beispiel geben:

Es ist Ihr Geburtstag und Sie haben all Ihre Freunde und Familie eingeladen. Auch, wenn Sie kein Kind

mehr sind, freuen Sie sich trotzdem darauf, beschenkt zu werden. Insgeheim haben Sie einen besonderen Wunsch und Sie sind sich sicher, dass die anderen Sie gut genug kennen, um das geahnt zu haben. Neugierig und voller Vorfreude öffnen Sie Ihre Geschenke, doch Sie müssen feststellen, dass Ihr Wunschgeschenk sich nicht unter den zahlreichen Präsenten befindet. Sie sind zwar dankbar dafür, so reichlich beschenkt worden zu sein, aber innerlich sind Sie auch enttäuscht darüber, dass niemand der Ihnen so vertrauten Personen Sie gut genug kennt, um zu wissen, was Sie wirklich gerne gehabt hätten.
In einem solchen Moment sollten Sie kurz innehalten und sich die Frage stellen, ob Enttäuschung die richtige Reaktion oder Emotion ist. Haben Sie irgendjemandem von Ihrem Wunsch erzählt? Ist es wirklich offensichtlich, dass dies Ihr ideales Geschenk gewesen wäre? Falls nicht: Können Sie es Ihren Mitmenschen wirklich übel nehmen, dass diese nicht Ihre Gedanken lesen können? Enttäuschungen sind häufig die Folge einer zu hohen Erwartungshaltung.

Vor einiger Zeit beschwerte sich eine gute Freundin von mir darüber, dass ihr Freund ihr überhaupt nicht mehr spontane Geschenke machte. Er habe das früher so oft getan, aber inzwischen habe sie das Gefühl, er würde sie nicht mehr mögen. Sie sagte, sie sei maßlos enttäuscht von ihm und wisse langsam nicht mehr, wie sie mit der Situation umgehen soll. Ich fragte sie, ob ihr Partner denn wüsste, dass sie sich über spontane Überraschungen freuen würde, worauf sie antwortete: »Das weiß ich doch nicht.

Ich meine: Welche Frau will denn nicht bedacht und geliebt werden?«
Ich beruhigte sie und versicherte ihr, das Thema beiläufig anzubringen, wenn ich ihren Partner das nächste Mal sehen würde. Als ich den besagten Freund ein paar Tage später beim Abendessen traf, sagte ich: »Hör mal, ich werde gleich ein paar frische Blumen für meine Liebste kaufen, um sie spontan zu überraschen. Was meinst du? Wollen wir auch für deine Freundin eine Kleinigkeit besorgen?«
Er antwortete: »Ne du, das ist gar nicht ihr Ding. Ich habe ihr zu Anfang unserer Beziehung öfters mal eine Aufmerksamkeit mitgebracht, aber sie war dann immer ganz beschämt und sagte, das sei ihr unangenehm, weil ja noch gar nicht ihr Geburtstag sei. Ich glaube, es ist ihr wirklich unangenehm, wenn man ihr etwas kauft, deshalb lasse ich es lieber. Ich möchte einfach nicht, dass sie sich unwohl fühlt.«
In diesem Moment hätte ich mir auf die Stirn hauen können. Es war keineswegs so, dass er seine Partnerin nicht mochte. Im Gegenteil! Er dachte, sie sei durch Geschenke beschämt und wollte sie nicht in unangenehme Situationen bringen. In Wirklichkeit führte ein Missverständnis dazu, dass die Erwartungen meiner guten Freundin nicht erfüllt wurden und dadurch fühlte sie sich enttäuscht. Wir können daraus lernen, dass es wichtig ist, Enttäuschungen und ihren Ursprung zu hinterfragen.

Jeder von uns ist selbst verantwortlich für alles, was in seinem Leben geschieht. Aus diesem Grund sollten Sie niemals zu hohe Erwartungen an andere haben. Wenn Sie möchten, dass etwas gut funktioniert, dann sorgen Sie selbst dafür. Erwarten Sie nicht, dass jemand Ihre Gedanken liest oder immer genau weiß, was Sie kränken, verärgern oder demotivieren könnte. Wenn Sie möchten, dass jemand Sie wirklich gut kennenlernt, müssen Sie ihm dabei helfen. Erwarten Sie nicht einfach, dass man es Ihnen stets recht macht, dann erleben Sie sehr viel weniger Enttäuschungen!

Häufig sind wir auch enttäuscht, wenn unsere Mitmenschen undankbar sind. Wir ärgern uns dann und denken, dass all unsere Mühen, unsere Aufmerksamkeit und Opferbereitschaft umsonst waren. Doch ist das so? Sind Ihre guten Taten wertlos, nur weil jemand sie nicht zu schätzen weiß? Natürlich nicht. Wenn Sie etwas Gutes tun, dann tun Sie es, weil Sie es für richtig halten. Ob die Begünstigten Ihrer Taten sich dankbar zeigen, sollte keine Rolle für Sie spielen. Wenn sie es tun, ist das ein schöner Bonus. Wir alle freuen uns darüber, Wertschätzung zu erfahren. Doch in erster Linie sollte es immer darum gehen, dass Sie etwas aus Überzeugung tun und nicht, weil Sie sich einen gewissen Lohn oder Anerkennung dafür erhoffen. Enttäuschung über mangelnde Dankbarkeit ist nichts anderes als eine unerfüllte Erwartung.

Ein altes Sprichwort besagt: »Wer nichts erwartet, kann nicht enttäuscht werden.« Nehmen Sie dieses Sprichwort als Glaubenssatz in Ihr alltägliches Denken auf und Sie werden feststellen, dass Sie weniger negativen Einflüssen ausgesetzt sein werden. Wenn

Sie weniger erwarten, erleben Sie nicht nur weniger Enttäuschungen, sondern auch mehr positive Überraschungen! Jedes Mal, wenn Ihnen jemand dankbar ist, sich Ihnen gegenüber aufmerksam zeigt oder Ihr Wesen und Ihre Leistungen wertschätzt, erleben Sie einen unerwarteten Freudenmoment.

Wie Sie sehen, entscheidet am Ende allein Ihre Erwartungshaltung, ob Sie jeden Tag aufs Neue überrascht oder enttäuscht werden.

31)
Und plötzlich mag Sie jeder!

Lassen Sie uns direkt an das vorherige Kapitel anknüpfen. Die meisten Enttäuschungen erleben Sie dann, wenn Sie zu hohe Erwartungen an Ihre Mitmenschen und das Leben haben. Wenn Sie möchten, dass andere Sie wirklich kennenlernen, müssen Sie ihnen dabei helfen. Und wenn Sie das tun, gewinnen Sie dadurch plötzlich auch noch ganz andere, neue Vorteile!

Ich möchte Ihnen gerne eine Lesermail zeigen, die ich vor etwa einem Jahr erhalten habe. Sie beschreibt das Problem sehr vieler Menschen genau und vielleicht finden Sie sich ja auch selbst darin wieder:

»Hi Michael,
ich verfolge jetzt schon seit ein paar Monaten deinen Blog und habe auch eins deiner Bücher gelesen. Ich finde es klasse, dass du immer einfache Worte zu schwierigen Themen findest und will dir schon seit Wochen schreiben. Irgendwie traue ich mich nie, aber jetzt mache ich es einfach.
Ich bin 28 Jahre alt, von Beruf Automobilkaufmann und verbringe meine Freizeit am liebsten zu Hause am PC. Mein Problem ist, dass ich kaum Freunde habe und es irgendwie nicht schaffe, neue Bekannt-

schaften zu machen. Das Schlimme daran ist, dass ich eigentlich richtig gut mit Menschen umgehen kann. Das merke ich vor allem bei der Arbeit, aber da unterhalte ich mich ja leider mit den Kunden über Geschäftliches. Wenn ich mal mit jemandem privat ins Gespräch komme, läuft das echt super. Ich glaube, ich bin eigentlich ein ziemlich netter Kerl, aber keiner will das sehen. Vor allem die Frauen nicht. Ich bin jetzt schon echt lange Single und es regt mich tierisch auf, dass Frauen immer sagen, sie wollen einen netten und aufmerksamen Kerl haben, aber überhaupt nicht mit mir ausgehen. Ich bin nett, aufmerksam und kein Macho, aber am Ende entscheiden sie sich dann immer für Typen, die sie irgendwann verletzen und dann ist das Gejammer wieder groß. Deswegen gehe ich auch nicht mehr gerne aus. Ich habe ein paar Freunde, mit denen ich mich ab und zu treffe, aber dann sind wir meistens zu Hause. Wenn ich mal in einer Bar bin, traue ich mich eh nicht, eine Frau anzusprechen oder neue Leute kennenzulernen. Ich weiß, dass ich da schon mutiger werden muss, aber ich wollte dich auch einfach mal nach deiner Meinung fragen. Was mache ich falsch? Soll ich vielleicht auch so ein extrovertierter Macho werden, damit ich endlich die richtige Frau kennenlerne und andere mich interessanter finden? Ich kann mir einfach nicht vorstellen, dass ich mich dabei wohl fühlen würde, aber vielleicht muss ich es einfach ausprobieren? Hast du da einen Tipp für mich?
Viele Grüße
Leser« (Der echte Name wird zum Schutz der Privatsphäre nicht genannt)

Meine Antwort darauf lautete:

»Hallo »Leser«,
danke für deine Nachricht. Es freut mich, dass die Inhalte auf dem Blog dir gefallen und vor allem freue ich mich darüber, dass du dich dazu entschieden hast, mir zu schreiben. Es ist immer schwierig, gewisse Dinge oder eine Situation aus der Ferne zu beurteilen, ohne die Hintergründe wirklich zu kennen, aber ich habe mir Mühe gegeben, deine Situation nachzuvollziehen. Ich glaube, dein wahres Problem ist nicht, dass du keine Freunde findest, sondern dass du gar nicht erst nach ihnen suchst. Du sagst schreibst, dass du am liebsten zu Hause bist und dich dort auch mit deinen Freunden triffst. Von zu Hause aus kannst du natürlich keine neuen Bekanntschaften schließen. Das viel Wichtigere ist aber das, was du über die Damenwelt äußerst: Sie sagen, dass sie gerne einen netten und aufmerksamen Mann kennenlernen würden, gehen aber dann mit jemand anderem aus. Ich persönlich glaube gerne, dass du ein netter Kerl bist, aber weiß das auch die Damenwelt? Lässt du es sie wissen? Oder erwartest du von Frauen, dass sie es von alleine erkennen? Es steht vermutlich nicht auf deiner Stirn geschrieben, dass du ein aufmerksamer und zuvorkommender Mensch bist, der ein großes Herz hat. Vielleicht sind die klassischen Macho-Typen nicht annähernd so nett wie du, aber offensichtlich wissen sie, sich und ihre Qualitäten zu verkaufen. Oder einfacher gesagt: Eine Frau kann sich nur das aussuchen, was im Schaufenster ausgestellt wird. Sie fragt nicht, ob sie mal im Lager stöbern

darf. Wenn du also möchtest, dass Frauen oder generell andere Menschen auf dich aufmerksam werden, dann mache sie auf dich aufmerksam. Gehe auf andere zu und verwickle sie in ein Gespräch. Was kannst du schon dabei verlieren? Gar nichts. Wenn du abgelehnt wirst, hast du es zumindest versucht. Jeder Mensch ist anders und deshalb passt nicht jeder mit jedem zusammen. Wenn du es jedoch gar nicht erst versuchst, hast du überhaupt keine Chance.
Du hast mich mit wenigen Worten davon überzeugt, dass du ein feiner Kerl mit guten Absichten bist. Ich bin mir sicher, dass du auch mit Leichtigkeit andere davon überzeugen kannst. Sei mutig! Und lass mich gerne wissen, ob es funktioniert hat.
Viele Grüße
Michael«

Er schrieb mir, dass meine Worte Sinn ergäben und dass er es versuchen würde, denn schließlich hätte er ja nichts zu verlieren. Ein paar Monate später erhielt ich von ihm die Rückmeldung, dass ich nach einer besonderen Nachricht Ausschau halten sollte. Am nächsten Tag traf im Verlagsbüro ein Paket für mich ein. Darin waren eine Schachtel Pralinen und ein Foto. Auf dem Foto war der Leser zu sehen, an der Seite einer hübschen jungen Frau. Sie hatten die Arme einander um die Schultern gelegt und strahlten in die Kamera. Auf der Rückseite stand: »Du hast riesig etwas gut bei mir!«

Ich habe mich dazu entschieden, Ihnen diese Geschichte zu erzählen, weil sie auf einfache Weise verdeutlicht, wie simpel unsere größten Hürden manchmal sind und wie einfach es ist, sie aufzulösen. Vor allem zeigt der Fall des Lesers uns, dass eine zu hohe Erwartungshaltung mehr als nur Enttäuschungen hervorrufen kann. Egal, wie sympathisch, freundlich und liebenswert Sie auch sein mögen: Ihre Mitmenschen können es nicht wissen, wenn Sie sie es nicht wissen lassen. Es liegt in Ihrer Verantwortung, das Gute im Leben anzuziehen. Erinnern Sie sich daran, dass die komplette Eigenverantwortung Ihnen auch die volle Macht gibt.

Welchen Grund sollten Ihre Mitmenschen haben, Sie kennenlernen zu wollen, wenn Sie ihnen keinen geben? Erwarten Sie nichts und geben Sie viel, dann werden Sie auch viel zurückerhalten. Sie sind ein großartiger und einzigartiger Mensch. Es ist Ihre Aufgabe, der Welt zu zeigen, was Sie einzigartig macht. Dann werden sich Ihre Mitmenschen plötzlich für Sie interessieren und Sie bekommen die Möglichkeit, wertvolle und bereichernde Freundschaften zu knüpfen.

32)
Entfesseln Sie Ihr Potenzial

Es gibt einen weit verbreiteten Irrglauben, der zahlreichen Menschen bei der Entwicklung eines starken Selbstbewusstseins und Selbstwertgefühls im Weg steht. Es ist die Behauptung, man müsse bescheiden sein, um nicht überheblich oder arrogant zu wirken. Aus diesem Grund wird uns bereits in frühen Kindertagen beigebracht, unsere Erfolge nicht zu zelebrieren und sie möglichst nicht unseren Mitmenschen mitzuteilen, damit diese uns nicht für Angeber halten. Sie kennen doch mit Sicherheit das Sprichwort: »Eigenlob stinkt«. Nun, die Wahrheit ist, dass Eigenlob nicht stinkt. Nicht im Geringsten.

In bisherigen Kapiteln haben wir uns bereits damit beschäftigt, dass erfolglose Vergleiche mit Ihren Mitmenschen zu großer Unzufriedenheit und Neid führen. Die entscheidende Frage dabei ist, wie Sie denn bei einem Vergleich gut abschneiden können, wenn Sie Ihre positiven Eigenschaften und Erfolge nicht in Betracht ziehen dürfen, um nicht überheblich zu wirken. Im Laufe unseres Lebens entwickeln wir eine für uns selbstverständliche Bescheidenheit, die dazu führt, dass wir unsere Talente und unser Potenzial vernachlässigen und somit Stück für Stück unser

Selbstbewusstsein, Selbstvertrauen und Selbstwertgefühl schwächen. Um diesen Sachverhalt verständlicher darzustellen, gehen wir beim Thema »Selbstbewusstsein« kurz ins Detail:

Ihr Selbstbewusstsein ist Ihr Bewusstsein über sich selbst als denkendes Wesen. Je stärker und besser Ihr Selbstbewusstsein ist, desto besser kennen Sie sich selbst, Ihre Interessen, Wünsche, Vorlieben, Fähigkeiten, Talente, usw.
Es ermöglicht Ihnen, stets besten Gewissens in Ihrem Interesse zu handeln und im Alltag die für Sie richtigen Entscheidungen zu treffen. Aus diesem Bewusstsein über sich selbst resultiert Ihr Selbstvertrauen. Damit Sie jemandem vertrauen können, müssen Sie ihn erst einmal kennen. Je besser Sie sich selbst kennen, desto mehr können Sie sich vertrauen. Je besser Sie sich vertrauen können, desto mehr Herausforderungen des Alltags können Sie sich erfolgreich stellen. Aus den Erfolgen, die Sie dabei erzielen, ergibt sich schließlich Ihr Selbstwertgefühl. Ihr Selbstbewusstsein und -vertrauen ermöglichen es Ihnen, über sich hinauszuwachsen, sich Stück für Stück Ihre Wünsche zu erfüllen und glücklich, ausgeglichen und erfolgreich durch das Leben zu gehen. Dafür bewundern Sie sich und bringen sich Wertschätzung entgegen. Sie sind stolz auf Ihre Leistungen und fühlen sich wohl in Ihrer Haut. Sie entwickeln ein gesundes Selbstwertgefühl.

Wie soll diese Entwicklung bei Ihnen stattfinden, wenn es niemals darum geht, wer Sie sind, wofür

Sie sich interessieren oder was Sie können? Wenn Sie sich, Ihre Interessen und Ihre Erfolge aus Bescheidenheit in den Hintergrund rücken, entfernen Sie sich vom Wesentlichen: Von sich selbst. Sie fangen an zu glauben, alle anderen seien erfolgreicher als Sie. Kombiniert mit der Tatsache, dass Ihre eigenen Belange aufgrund Ihrer Bescheidenheit unwichtig sind, wird diese Annahme zur Wahrheit für Sie. Sie fühlen sich anderen Menschen unterlegen und beneiden sie für ihre Erfolge, obwohl Sie in Wirklichkeit mindestens genauso erfolgreich sind und mindestens genauso viel Potenzial haben.

In Ihrem Leben sind Sie die wichtigste Person. Es gibt natürlich noch viele andere Menschen, die eine große Rolle darin spielen, aber am Ende des Tages sind Sie die Hauptperson. Sie leben Ihr Leben und sind alleine dafür verantwortlich. Die Regie in Ihrem Leben zu führen, ist der verantwortungsvollste Posten, den Sie jemals besetzen können und deshalb ist es Ihre Pflicht, gut darin zu sein. Ihr Selbstbewusstsein, Selbstvertrauen und Selbstwertgefühl haben höchste Priorität, damit Sie in der Lage sind, das Beste aus Ihrem Dasein zu machen. Falsche Bescheidenheit und die Angst, durch Eigenlob unsympathisch oder überheblich wirken zu können, dürfen Sie nicht einschränken.

Sie verdienen Lob. Sie verdienen Lob für alles, was Sie jeden Tag leisten und erreichen. Sie sorgen für Ihren Lebensunterhalt, gehen gewissenhaft Ihren Pflichten nach, engagieren sich für Ihre Mitmenschen, fördern

Ihre persönliche Entwicklung und noch Vieles mehr. Aus welchem Grund sollte es »stinken«, sich dafür wertzuschätzen? Warum sollten Ihre Mitmenschen Sie aufgrund dieser positiven Eigenschaften weniger mögen? Und wieso sollte die Hoffnung, dass andere Menschen Sie mögen und akzeptieren wichtiger sein, als dass Sie sich selbst mögen und bewundern?

Das Paradoxe daran ist, dass falsche Bescheidenheit noch nicht einmal dazu führt, dass man Sie sympathischer findet. Es führt dazu, dass man Sie gar nicht erst wahrnimmt! Wieso sollte jemand von Ihnen überzeugt sein, wenn Sie es selbst nicht sind? Wie kann jemand von Ihren Erfolgen beeindruckt sein, wenn Sie diese selbst nicht wahrnehmen und somit verbergen? Die Angst davor, durch Eigenlob zu »stinken«, macht Sie unsichtbar. Sowohl vor sich selbst als auch vor Ihren Mitmenschen. In Ihrem Leben sollten Sie nicht unsichtbar sein. Seien Sie stolz darauf, wer Sie sind, was Sie können und was Sie regelmäßig leisten. Loben Sie sich für Ihre Erfolge!

Je intensiver Sie sich mit sich selbst und Ihren Interessen beschäftigen, desto besser lernen Sie sich kennen. Folglich fördern Sie so Ihr Selbstbewusstsein. Je relevanter Sie und Ihre Interessen für Sie sind, desto mehr Vertrauen gewinnen Sie in sich. Mit diesem gestärkten Selbstvertrauen verspüren Sie in erster Linie eine ganz neue Lebensqualität. Es fühlt sich an, als hätte man im Alltag Rückenwind. Sie gehen selbstbewusster mit Ihren Mitmenschen um, gewinnen ihre Sympathien und genießen ihre Bewunderung. Sie stellen sich neuen Herausforderungen, probieren Neues aus und überwinden Ihre Ängste. Mit jedem Erfolg wächst Ihr Selbstwertgefühl. Sie wertschätzen das, was Sie für sich und Ihr Leben tun und verspüren mehr persönliches Glück. Das wirkt sich auch positiv auf Ihre Mitmenschen aus:

Die Menschen, denen Sie wichtig sind, bemerken Ihre positive Entwicklung und freuen sich für Sie. Weiterhin sind Sie durch Ihr höheres Maß an Zufriedenheit bessere Gesellschaft und haben die Möglichkeit, andere mit Ihrem Frohmut anzustecken. Seien Sie ein gutes Vorbild und animieren Sie Ihre Mitmenschen dazu, den Fokus auf sich und die Entwicklung ihrer Lebensqualität zu legen. Wie Albert Schweitzer bereits sagte, verdoppelt sich Glück, wenn man es teilt. Erschaffen Sie Positives, das sich teilen und somit vervielfachen lässt.

Wie Sie sehen, stinkt Eigenlob nicht. Ein gesundes Selbstwertgefühl bereichert nicht nur Sie, sondern auch Ihre Mitmenschen. Lösen Sie sich von dem Gedanken, bescheiden sein zu müssen. Stehen Sie zu sich, Ihren Interessen und Qualitäten und fördern Sie Ihr Selbstbewusstsein. So begeben Sie sich auf den direkten Weg zu Ihrem persönlichen Glück.

33)
Führen Sie kein Doppelleben

Wenn es darum geht, glücklicher, zufriedener und selbstbewusster zu werden, ist es wichtig, dass Sie Ihre Eigenverantwortung anerkennen und sich in erster Linie darum kümmern, dass es Ihnen gut geht. Sie müssen so natürlich wie möglich werden, unabhängig von der Meinung Ihrer Mitmenschen und somit ein wahres Selbstbewusstsein aufbauen, das Ihnen dabei hilft, sich auf das Wesentliche zu konzentrieren. Das ist jedoch leichter gesagt als getan. In der Realität ist es häufig so, dass wir Mauern und Fassaden um uns herum aufbauen. Das hat verschiedene Gründe: Wir haben in der Vergangenheit schlechte Erfahrungen gemacht und scheuen uns nun davor, anderen zu vertrauen. Wir zeigen unser wahres Ich nicht gerne, um uns nicht verletzlich zu machen. Manchmal ist es auch so, dass wir kein sehr stark ausgeprägtes Selbstwertgefühl haben und befürchten, nicht dem Anspruch unserer Mitmenschen zu »genügen«. Wir bauen eine Fassade um uns herum auf, von der wir denken, dass sie eher akzeptiert werden könnte. All das führt dazu, dass wir eine Art Doppelleben führen. Wir geben vor, jemand zu sein, der wir in Wirklichkeit nicht sind.

Vielleicht kennen Sie das von sich selbst. Haben Sie nicht schon einmal jemanden mit leichten Falschinformationen über sich gefüttert, weil Sie ihm nicht vertraut haben oder der Meinung waren, die Tatsachen seien nicht spannend genug? Haben Sie nicht schon einmal den Wahrheitsbogen ein kleines Bisschen überspannt, um interessanter zu sein? Den Urlaub ein wenig luxuriöser beschrieben als er eigentlich war, den Preis des eigenen Autos ein wenig zu hoch beziffert oder ein paar spannende Hobbies und Freizeitaktivitäten genannt, die Sie zwar interessanter erscheinen lassen, die Sie aber in Wirklichkeit noch niemals ausprobiert haben? Sie befinden sich hier nicht auf der Anklagebank und es macht Sie nicht zu einem schlechten Menschen, hin und wieder ein paar Stellschrauben zu betätigen, um seine Fassade feiner zu justieren. Am Ende des Tages schaden Sie damit jedoch Ihrem Selbstbewusstsein und stehen Ihrem persönlichen Glück somit im Weg.

Vergessen Sie niemals, dass alles für uns zur Wahrheit werden kann, wenn wir es uns nur fest genug einreden. Unsere aktiven Gedanken gehen an das Unterbewusstsein und werden dort weiterverarbeitet, um in unserem Leben manifestiert zu werden. Jedes Mal, wenn Sie einem Mitmenschen eine falsche Information über sich geben, geben Sie sie auch Ihrem Unterbewusstsein, also sich selbst. Dadurch trüben Sie Ihr Selbstbewusstsein. Auch Ihre alltäglichen Taten, die aus Ihrer Fassade resultieren, vermitteln Ihrem Unterbewusstsein einen falschen Eindruck: Sie lächeln, wenn Sie in Wahrheit traurig sind, stimmen Dingen zu, die Sie in Wirklichkeit nicht mögen oder legen ein Sozialverhalten an den Tag, das eigentlich nicht zu Ihrer Persönlichkeit passt. Dieses Doppelleben sorgt in Ihrem Innern für Verwirrung und hindert Sie daran, glücklich zu sein.

In unserer modernen Gesellschaft kann es schon schwierig genug sein, ein gesundes Selbstbewusstsein für seine eine und einzige Persönlichkeit aufzubauen. Es ist nicht förderlich für Ihr persönliches Wohlbefinden, wenn Sie gleichzeitig ein Selbstbewusstsein für Ihre Fassade aufrechterhalten müssen. Hinter dieser Fassade steckt Ihr wahres Ich und es leidet darunter, verborgen zu werden. All das, was Sie verborgen halten, staut sich auf, so wie endlos viele Tropfen in einem Fass. Und so, wie ein Fass irgendwann überläuft, wird es auch irgendwann für Sie zu viel. Die unvermeidlichen Folgen sind starke Unzufriedenheit und nicht selten auch Depressionen.

Es ist sehr anstrengend, ständig jemand anderes sein zu müssen. Sie müssen sich andauernd Gedanken darüber machen, wem Sie was über sich erzählt haben, damit Sie glaubwürdig bleiben. Vor allem, wenn Sie die sozialen Bindungen zu den Personen intensivieren, die Ihre Fassade kennengelernt haben, geraten Sie früher oder später in Schwierigkeiten. Die Freundschaft, die Sie aufbauen, basiert nicht auf Ihrer wahren Persönlichkeit und fühlt sich deshalb nicht echt an.

Es ist nicht Ihre Aufgabe, anderen zu gefallen. Es gibt weit mehr als 7 Milliarden Menschen auf der Erde. Wenn ein paar davon Sie nicht so akzeptieren, wie Sie wirklich sind, heißt das noch lange nicht, dass Sie einsam auf diesem riesigen Erdenrund sind. Da jeder Mensch einzigartig ist, ist nicht jeder mit jedem kompatibel. Das gehört einfach zu den Gesetzen des Lebens dazu und sollte Sie nicht entmutigen oder dazu verleiten, Ihr natürliches Wesen verändern zu wollen.

Geben Sie Ihren Mitmenschen die Chance, die Person kennenzulernen, die Sie wirklich sind. Nur auf diese Weise können Sie wahre und erfüllende Freundschaften schließen, die ewig halten. Wenn Sie gnadenlos offen und ehrlich sind, werden Ihnen mit Sicherheit einige Menschen den Rücken kehren. Die, die bleiben, sind jedoch jene, die eine wirkliche Daseinsberechtigung in Ihrem Leben haben und Sie bereichern. Vor einigen Jahren sagte mir jemand: »Ich habe lieber einen richtigen Freund als 100 Bekannte, die mich so sehen, wie sie mich gerne hätten.«
Ich kann diese Aussage nur bestätigen.

Der wahrscheinlich wichtigste Grund dafür, dass Sie kein Doppelleben führen sollten, ist, dass Ihre Selbstakzeptanz ein entscheidendes Schlüsselelement Ihres persönlichen Glücks ist. Sie haben nur diese eine Persönlichkeit und das wird sich niemals ändern. Definieren Sie sich nicht als Körper oder Fleisch und Blut, sondern als Seele, Geist oder Wesen. Sie sind, wer Sie sind und es steht Ihnen offen, in welche Richtung Sie sich entwickeln. Der Hintergrund jeder Entwicklung sollte sein, dass Sie einen persönlichen Vorteil darin erkennen. Entwickeln Sie sich in Ihrem Sinne weiter und verändern Sie sich nicht, um anderen zu gefallen. So zu sein, wie andere Sie gerne hätten, wird Sie nicht erfüllen, sondern Sie von Ihren eigenen Zielen und Vorstellungen von wahrer Lebensqualität entfernen.

Sie sind wunderbar, so wie Sie sind. Reden Sie sich das nicht einfach nur ein, sondern erkennen und glauben Sie es. Seien Sie stolz darauf, dass Sie sind, wer Sie sind. Dann werden Sie gar nicht erst in Versuchung geraten, ein Doppelleben zu führen und Ihr Selbstbewusstsein zu gefährden.

34)
Lassen Sie Ihre Taten für sich sprechen

Während Sie dieses Buch lesen, wächst hoffentlich in Ihnen die Motivation, das Gelesene anzuwenden und wirklich etwas zu verändern. Vielleicht haben Sie schon ein paar Ideen und schmieden Pläne, die Sie konkret im Alltag umsetzen möchten. Wenn das der Fall ist, sind Sie auf dem richtigen Weg. Lassen Sie sich inspirieren und probieren Sie aus, was für Sie funktioniert. Drücken Sie Ihre Motivation aber nicht in Worten aus, sondern in Taten. Erzählen Sie Ihren Mitmenschen nicht, dass Sie dieses Buch lesen oder gelesen haben und nun damit arbeiten wollen. Zeigen Sie es ihnen.

Wie wir bereits besprochen haben, ist das, was Ihre Mitmenschen über Sie denken, nicht so wichtig wie das, was Sie selbst denken. Dennoch ist es erstrebenswert, beliebt zu sein und bewundert zu werden. In meinem Buch »Das Geheimnis der Anziehung« geht es darum, dass der Wunsch nach Geltung und Anerkennung zu unseren stärksten Sehnsüchten gehört. Wir wollen, dass andere Menschen uns als besonders und beeindruckend wahrnehmen. Deswegen versuchen wir, ihnen zu imponieren. Ein möglicher Weg, andere zu beeindrucken, ist, ihnen zu erzählen, dass man sich intensiv mit seiner persönlichen Entwicklung beschäftigt und kurz davor steht, mehr Lebensqualität und Erfolg in sein Leben zu holen. Das Problem dabei ist Folgendes: Wenn es Ihnen nicht beim ersten Versuch gelingt oder Sie auf halbem Weg die Motivation verlieren, nehmen Ihre Mitmenschen das nicht so sportlich wie Sie selbst. Man erwartet etwas von Ihnen und wenn Sie es nicht erfüllen können, hält man Sie für jemanden, der große Ankündigungen macht, aber nicht zu seinem Wort steht. Natürlich kann Ihnen das im Grunde egal sein, da Ihr Selbstbild das entscheidende ist. Sie wissen in einem solchen Fall jedoch ganz genau, dass Sie selbst diesen Eindruck hervorgerufen haben und dafür verantwortlich sind, dass man in Ihnen eine Eigenschaft sieht, die Sie nicht annehmen wollen. Es zieht Sie herunter und nagt an Ihrem Selbstvertrauen, wodurch es Ihnen noch schwieriger fällt, sich erneut zu motivieren.

Als ich mein erstes Buch schrieb, wollte ich die Veröffentlichung durch einen Verlag vermeiden. Ich hätte mich mit meinem Manuskript bewerben müssen, es hätte ewig lange gedauert, das fertige Buch auf den Markt zu bringen und ich wäre nicht so nah am Leser gewesen wie ich es heute bin. Ich beschloss, mich im »Selfpublishing« zu versuchen und das Buch selbst herauszugeben. Für die technische Abwicklung und das Marketing suchte ich nach professioneller Hilfe und fand bei meinen Recherchen einen Herausgeber, der sich darauf spezialisiert hatte, selbstpubli-

zierende Autoren zu unterstützen. Bei unserem ersten Gespräch versprach er mir die Sterne vom Himmel. Er sah riesiges Potenzial in meiner Arbeit, wollte den Buchmarkt gemeinsam mit mir nachhaltig verändern und riesige Werbekampagnen starten. Ich war zwar skeptisch, aber neugierig, also ließ ich ihn machen. Es passierte jedoch nicht viel. Ich landete keinen Bestseller, veränderte nicht den Buchmarkt und es gab auch keine erfolgreiche Werbekampagne. Der Herausgeber blieb zuversichtlich und sagte, er täte, was in seiner Macht stehe. Tatsächlich tat er jedoch nicht viel und wochenlang bewegte sich nichts. Bei jedem unserer Gespräche hatte er 1000 großartige Ideen, mit denen wir bald den »Durchbruch« schaffen würden und er versprach mir, nicht zu ruhen, bis der gewünschte Erfolg endlich eingetreten sei. Auch danach gab es keinen »Durchbruch« und ich bekam das Gefühl, es mit jemandem zu tun zu haben, der viel versprach, aber nichts leistete. Es lag tatsächlich nicht, wie ich zuerst befürchtet hatte, an der Qualität meiner Arbeit, sondern daran, dass der gute Mann viel ankündigte und keine Taten folgen ließ. Also beendete ich unsere Zusammenarbeit und machte mich erneut auf die Suche nach professioneller Hilfe.
Ich traf schließlich den Herausgeber, mit dem ich auch heute noch zusammenarbeite und er lachte, als er hörte, mit wem ich meine Arbeit begonnen hatte. Er sagte: »Sogar jenseits der Branche weiß doch jeder, dass das ein Schaumschläger ist, der viel heiße Luft produziert.« Ich hatte es also mit jemandem zu tun gehabt, der bereits dafür bekannt war, nicht mehr als seine eigenen Versprechen zu vermarkten.

Der neue Herausgeber versprach mir keinen Durchbruch und auch keine Bestseller. Er sagte mir, ich müsse klein anfangen und dass es nicht darum ging, viele Leser zu finden, sondern die richtigen. Wir machten Pläne, die sich einhalten und abarbeiten ließen und kümmerten uns darum, erst eine Sache zu erledigen, bevor die nächste zum Thema wurde. Auch dieses Mal war ich skeptisch, vor allem aufgrund meiner jüngsten Erfahrungen, doch ich wurde nicht enttäuscht. Ich hatte jemanden kennengelernt, der wenig versprach, aber sehr viel bewegte. Ein paar Jahre und Bestseller später halten Sie nun dieses Buch in Ihren Händen.

Wir können aus meinen Erfahrungen lernen, dass es wichtiger ist, wenig zu schaffen als viel anzukündigen. Jeder noch so kleine Schritt zum Erfolg ist wertvoller als der bloße Traum vom großen Ziel. Kleine Schritten stehen für Fortschritt und wenn sich eine ausreichende Zahl dieser Schritte summiert, ist das nächstgroße Ziel schneller erreicht als man glauben würde!

Auf Ihre Situation übertragen bedeutet das: Nehmen Sie sich nicht zu viel auf einmal vor. Rechnen Sie nicht damit, dass Sie schon nächste Woche rundum zufrieden, wohlhabend und im Reinen mit der gesamten Welt sein werden. Kündigen Sie es nicht bei Ihren Mitmenschen und auch nicht bei sich selbst an. Wenn Sie zu hohe Erwartungen haben, werden Sie enttäuscht. Entscheiden Sie sich stattdessen dazu, zu handeln. Gehen Sie kleine Schritte, einen nach dem anderen. Vergessen Sie nicht: Ein kleiner Schritt bringt Sie weiter als eine große Vorstellung.

Wenn Sie anderen Menschen von Ihren Plänen erzählen, wecken Sie Erwartungen in ihnen. Denken Sie daran, dass Erwartungen zu Enttäuschungen führen. Der wichtige Unterschied ist dieser: Wenn Sie jemandem von einem Plan erzählen und dann erfolgreich sind, ist dieser nicht beeindruckt. Er hat schließlich erwartet, dass es so kommen würde. Wenn Sie jedoch plötzlich und mitten aus dem Nichts einen persönlichen Triumph vorzuweisen haben, haben Sie das Überraschungsmoment auf Ihrer Seite und sichern sich die Bewunderung Ihrer Mitmenschen. Es ist ein doppelter Gewinn. Keine Erwartungen, keine Enttäuschungen.

Es gibt einen allgemein bekannten Unterschied zwischen Erzählern und Machern. Ein Macher zu sein, erhöht nicht nur Ihr Ansehen bei Ihren Mitmenschen, sondern auch Ihren Respekt vor sich selbst. Sie stärken Ihr Selbstvertrauen und Selbstwertgefühl und entwickeln sich somit zu einer glücklicheren und erfolgreicheren Person.

Setzen Sie sich Ihre Ziele etappenweise, Stück für Stück. Konzentrieren Sie sich darauf, eines nach dem anderen zu erreichen. So haben Sie nicht nur schneller etwas Greif- und Sichtbares vorzuweisen, sondern auch insgesamt mehr Erfolgserlebnisse. 10 kleine Erfolge zu haben, hält Sie motiviert und ist wesentlich erfreulicher als eine lange Durststrecke bis zu einem einzigen Triumph durchzustehen. Probieren Sie es aus!

35)
Warum Sie scheitern müssen

Die Angst vor dem Scheitern ist einer der Hauptgründe dafür, dass Menschen in ihrer Komfortzone bleiben und ihr wahres Potenzial untergraben. Wer vor schwierigen Entscheidungen steht, muss seine Optionen sorgfältig abwägen und entscheidet sich häufig für den Weg des geringeren Widerstands. Dieser beinhaltet in der Regel weniger Fortschritt und Erfolg, lockt dafür aber mit dem guten Gefühl, mehr Sicherheiten zu haben.

Wenn Sie sich wünschen, Ihren Job zu wechseln, in eine neue Wohnung zu ziehen, auszuwandern oder eine neue Partnerschaft einzugehen, haben Sie häufig Bedenken, die Sie davon abhalten: Was, wenn der neue Job Sie überfordert und Sie nicht mit den Kollegen zurechtkommen? Was, wenn die neue Wohnung nicht so schön ist wie die alte und Sie sie auf Dauer nicht bezahlen können? Was, wenn es Ihnen im Ausland schlechter ergeht als hier und Sie doch wieder zurückkommen müssen? Was, wenn Sie schon wieder von einem Menschen enttäuscht werden und sich danach mit dem Kummer herumschlagen müssen? All das sind alltägliche Sorgen, die uns davon abhalten, Risiken einzugehen. Der wichtige und entscheidende Punkt ist jedoch, dass all diese Risiken sich für Sie lohnen könnten: Der neue Job könnte Ihnen mehr Spaß machen, Ihre Karriere voranbringen und Ihnen ein höheres Einkommen ermöglichen. In der neuen Wohnung könnten Sie einen höheren Lebensstandard haben, sich wohler fühlen und kreativ entfalten. Im Ausland hätten Sie vielleicht die Chance, glücklicher und ausgeglichener zu sein, weil Sie sich dort an Ihrem Lieblingsort befinden. In einer neuen Partnerschaft könnten Sie Erfüllung und die Liebe Ihres Lebens finden.

Um Fortschritte zu machen und Erfolge zu haben, muss man Risiken eingehen. Die meisten Menschen fürchten sich vor diesen Risiken, da sie voraussetzen, dass man seine Komfortzone verlässt und bereit ist, etwas Bestehendes aufzugeben. Sie fürchten sich davor, zu scheitern und am Ende nicht nur die Niederlage einstecken zu müssen, sondern auch das verloren zu haben, was sie aufgeben mussten. Diese Angst führt dazu, dass sie in ihrer Komfortzone bleiben und sich einreden, alles sei gut so, wie es aktuell ist.

Der Drang zur persönlichen Weiterentwicklung ist tief in uns verankert. Deshalb hat die Menschheit über die Jahrtausende so rasante Entwicklungssprünge gemacht. Jeder von uns möchte in Wahrheit der beste Mensch sein, der er sein kann. Dazu gehört es, Risiken einzugehen und erfolgreicher zu werden. Die Angst vor dem Scheitern ist ein weit verbreiteter Irrglaube, denn in Wirklichkeit ist die Niederlage etwas, das wir brauchen, um wirklich erfolgreich sein zu können.

Erinnern Sie sich an den Moment, in dem Sie zum ersten Mal auf ein Fahrrad gestiegen sind. Wie war das für Sie? Haben Sie sich dabei von Anfang an wohl und sicher gefühlt? Haben Sie schon beim allerersten Versuch Erfolg gehabt? Oder war es nicht viel eher so, dass Sie gestürzt sind und erst einmal lernen mussten, mit dem Fahrrad umzugehen?
Wenn Sie ein Instrument zum ersten Mal in die Hand nehmen, beherrschen Sie es dann von Anfang an perfekt?
Und wenn Sie beim Kochen neue Gerichte ausprobieren, schmeckt es dann beim ersten Versuch so wie aus dem Sternerestaurant?

Damit etwas wirklich gut wird, müssen wir es zuerst einmal falsch machen. Das liegt in der Natur der Sache. Wir müssen für alles ein Gefühl entwickeln und Erfahrungswerte sammeln. Alles muss erlernt werden. Sie müssen mit dem Fahrrad stürzen, um zu wissen, warum Sie in Zukunft nicht mehr stürzen wollen und wie Sie das vermeiden. Sie müssen mit einem Instrument fürchterlich schiefe Geräusche von sich geben, um zu verstehen, wie Sie das in Zukunft verhindern und Sie müssen furchtbares Essen zubereiten, um eine Motivation zu haben, es künftig besser zu machen. An all dem ist nichts Schlimmes.

Wer einen Sprung wagt, kann stürzen. Wer einen Sprung nicht wagt, wird nicht aufsteigen. Ein Sturz ist nichts Schlimmes. Wir fallen, um zu lernen, wie man wieder aufsteht. Wir sammeln dadurch Erfahrungen und werden stärker. Wir begreifen, wie wir es beim nächsten Versuch anstellen müssen, um nicht mehr zu scheitern. Wir erlangen eine Erkenntnis, die uns niemals zuteilwerden kann, wenn wir das Risiko nicht eingehen.

Niederlagen markieren den Punkt, an dem sich die Spreu vom Weizen trennt. Wenn Sie scheitern, entscheiden Sie sich, ob Sie liegen bleiben und Ihre Wunden lecken oder aufstehen, sich den Staub von den Schultern klopfen und sich direkt wieder daran machen, es erneut zu versuchen. Im sicheren Hafen kann Ihnen nicht viel passieren. Doch haben Sie Ihr Leben geschenkt bekommen, um es im sicheren Hafen zu verbringen?

Der berühmte Unternehmer Henry Ford sagte: »Misserfolg ist lediglich eine Gelegenheit, mit neuen Ansichten noch einmal anzufangen.«
Diese Einstellung machte ihn zu einem der erfolgreichsten Menschen der Geschichte.
Das Scheitern ist ein fester Bestandteil jedes Lernprozesses. Bereits als Kleinkind mussten Sie nach Ihren ersten Schritten fallen, um das Laufen wirklich zu erlernen.

Jedes Nein ist eine Stufe auf dem Weg zum Ja. Wenn Sie vom Leben nicht die Antwort bekommen, die Sie sich erhoffen, stellen Sie noch die falschen Fragen. Man muss Vieles ausprobieren und viele Risiken in Kauf nehmen, um den richtigen Weg zu seinem persönlichen Glück zu finden. Der entscheidende Punkt ist, dass Sie Neues ausprobieren müssen. Läge Ihr

Glück in bereits bestehenden Dingen und Strukturen, würden Sie diese Zeilen nicht lesen.

Alle Bescheidenheit beiseite: Sie wollen glücklich, zufrieden, selbstbewusst und erfolgreich sein. Es liegt in Ihrer Natur, der beste Mensch sein zu wollen, der Sie sein können. Fragen Sie sich, warum Sie dieses Buch lesen. Sie sehnen sich nach mehr Lebensqualität und es ist Ihre Aufgabe, ihr entgegenzugehen. Fortschritt und Erfolg setzen Taten und Engagement voraus. Ihr Lebensweg verläuft nicht immer einfach und geradlinig. An manchen Stellen müssen Sie sich für eine Richtung entscheiden oder auch einen Sprung wagen. Wenn Sie das nicht tun, stecken Sie fest. Stillstand ist das Ende des Glücks.

Am Ende entscheiden Sie selbst, welche Risiken Sie eingehen oder auch nicht. Bedenken Sie aber immer, dass der einfachste Weg selten der ist, der Sie wirklich weiterbringt. Haben Sie keine Angst davor, zu scheitern, sondern freuen Sie sich, wenn etwas mal nicht so klappt wie geplant. Es bedeutet, dass Sie sich getraut haben! Es bedeutet, dass Sie bereit sind, über sich hinauszuwachsen und es bedeutet, dass Sie nun einen Schritt näher an Ihrem wahren Erfolg sind.

36)
Nichts ist perfekt

Sind Sie ein ehrgeiziger oder detailverliebter Mensch? Sind Sie im Alltag hin und wieder darum bemüht, alles möglichst perfekt zu machen, um anderen zu gefallen oder Ihren eigenen hohen Ansprüchen gerecht zu werden? Sind Sie davon überzeugt, der Schlüssel zu Ihrem persönlichen Glück läge darin, alles so gut wie möglich zu machen und keine Fehler zuzulassen? Wenn ja, dann haben Sie zwar gute Absichten, stehen Ihrem wahren Glück jedoch im Weg.

Perfektionismus ist das übermäßige Streben nach Vollkommenheit. Wer perfektionistisch veranlagt ist, ist sehr ehrgeizig und möchte bei allem, was er anpackt, möglichst keine Fehler machen, um die besten Resultate zu erzielen. Eigentlich ist das keine schlechte Sache. In der Theorie hilft uns der Perfektionismus dabei, erfolgreicher zu werden und uns weiterzuentwickeln. Das ist jedoch tatsächlich nur die Theorie. In Wirklichkeit ist es so, dass das Streben nach Vollkommenheit etwas Paradoxes ist. Perfektion ist aus einem sehr einfachen Grund unmöglich: Die Vergänglichkeit ist eine direkte Konsequenz der Zeit. Die Zeit bleibt niemals stehen und somit ist jeder einzelne Moment, jeder Bruchteil einer Sekunde, einzigartig. Alles altert, zerfällt, wächst oder verändert sich auf irgendeine Art und Weise. Zu jedem Zeitpunkt. Per Definition ist Perfektion ein Zustand der Vollkommenheit. Diese Vollkommenheit kann niemals Bestand haben, da sich alles zu jeder Zeit verändert.

Sich ein Ziel zu setzen, das niemals erreicht werden kann, führt zu Frustration und Unzufriedenheit. Nach Zufriedenheit zu streben, indem man für Unzufriedenheit sorgt, ist ein Paradoxon. Perfektionismus funktioniert nicht.

Menschen, die alles möglichst perfekt machen wollen, begreifen häufig nicht, dass sie sich selbst im Weg stehen und ihren Erfolg durch den Wunsch, keine Fehler zuzulassen, verhindern. Um das zu verdeutlichen, möchte ich Ihnen ein kleines Beispiel geben:

Sie sind Konditor und erhalten einen vielversprechenden Auftrag. Sie sollen mehrere sehr große Torten für die Feier eines riesigen, internationalen Unternehmens backen. Dieser Auftrag bedeutet mehr als nur eine hohe Bezahlung. Sie sehen darin die Chance, sich vor vielen Menschen zu beweisen und gute Werbung für Ihre Backstube zu machen, also nehmen Sie sich vor, die schönsten und köstlichsten Torten abzuliefern, die die Kunden jemals gesehen haben.
Sie suchen Ihre besten Rezepte hervor und machen sich an die Arbeit. Stundenlang zelebrieren Sie Ihre Handwerkskunst, bis Sie schließlich die erste Torte fertig haben. Während Sie sie stolz begutachten, fällt Ihnen plötzlich etwas Furchtbares auf: Sie haben ein

paar der Verzierungen schief aufgespritzt. Einerseits denken Sie sich, dass man diesen Makel kaum mit dem bloßen Auge erkennen kann, aber andererseits nagt der Fehler an Ihnen. Schließlich haben Sie sich vorgenommen, sich von Ihrer besten Seite zu präsentieren. Nach langem Überlegen entscheiden Sie sich dafür, es noch einmal zu versuchen. Als Sie die neue Torte aus dem Ofen nehmen, stellen Sie fest, dass der Teig nicht so gut geworden ist wie bei der vorherigen. Sie werden nervös. Inzwischen sind Sie schon seit Stunden beschäftigt und haben noch nicht einmal die erste von vielen Torten fertiggestellt. Sie können aber unmöglich einen so schlechten Teig verwenden, also beginnen Sie von vorne. In der Zeit, in der Sie schon drei Torten fertiggestellt haben müssten, haben Sie noch nicht ein einziges fertiges Exemplar, das Sie vorweisen können. Sie geraten in Panik und sind gereizt, wodurch Sie sich nicht richtig konzentrieren können. Sie werden nachlässiger bei der Arbeit und egal, was Sie auch versuchen, Sie schaffen es nicht, eine Torte herzustellen, die an die Qualität der ersten heranreicht. Ihre Nerven liegen blank, der Zeitplan ist eine Katastrophe und Sie haben Angst davor, mit den anderen Torten weiterzumachen, da Sie schon bei der ersten scheitern.
Hätten Sie stattdessen bei der ersten Torte realistisch anerkannt, dass es sich um einen minimalen kosmetischen Makel handelt, den kein Amateur sehen wird, hätten Sie sich den ganzen Ärger erspart. Bei einer so umfangreichen handwerklichen Prozedur wie dem Erstellen einer Torte sind kleinere Fehler unvermeidlich. Diese Tatsache nicht wahrhaben zu wollen,

führt nun dazu, dass Sie dem Auftrag vielleicht nicht mehr gerecht werden können.

Dieses Beispiel zeigt, dass der Wunsch, alles perfekt zu machen, nicht zu großem Erfolg, sondern zu Komplikationen führt. Etwas sehr Gutes abzuliefern, ist wesentlich besser, als etwas Perfektes erstellen zu wollen und letztendlich nichts oder nur etwas Durchschnittliches vorzuweisen. Da Perfektion ein unmöglicher Zustand ist, kommt man bei dem Versuch, etwas Perfektes zu erschaffen, niemals zu einem zufriedenstellenden Ergebnis. Frustration und schlechtere Ergebnisse sind also nur die logische Folge des Perfektionismus.

Das Pareto-Prinzip besagt, dass sich 80 Prozent der Arbeit mit nur 20 Prozent Mitteleinsatz erledigen lassen. Im Klartext bedeutet das: Wenn Sie nur 20 Prozent Ihrer Kraft einsetzen, schaffen Sie es, 80 Prozent der anfallenden Arbeit zu erledigen. Die restlichen 80 Prozent Ihrer Kraft und Ressourcen werden verbraucht, um die restlichen 20 Prozent Detailarbeit zu schaffen. Würden Sie sich in unserem Konditoren-Beispiel in einem Wettbewerb befinden, würden Sie von einem anderen Konditor besiegt werden, der sich nur ein Fünftel seiner Mühe gibt!

Sie müssen nicht perfekt sein und Sie müssen auch nichts Perfektes erschaffen, um mehr Lebensqualität zu erlangen. Was wäre überhaupt perfekt? Versuchen Sie, sich vorzustellen, wie Ihr perfektes Leben aussehen würde. Die Vorstellung scheitert alleine schon daran, dass Sie sich, Ihre Meinung, Wünsche und Wertvorstellungen ständig weiterentwickeln. Selbst, wenn Sie einen vollkommenen Zustand erreichen würden, müsste er sich sofort wieder ändern, um sich den verändernden Umständen anzupassen.

Perfektionistisch veranlagte Menschen haben nicht einfach nur hohe Ansprüche. Sie haben den höchsten Anspruch. Wie Sie mittlerweile wissen, führen Erwartungen zu Enttäuschungen. Wer nicht nur die höchsten Erwartungen an sich selbst, sondern auch an seine Mitmenschen hat, fühlt sich ständig enttäuscht und hat deshalb Schwierigkeiten, langfristige soziale Bindungen aufzubauen.

Sparen Sie sich den ganzen Ärger. Denken Sie stets an das Pareto-Prinzip. Nutzen Sie 20 Prozent Ihrer Energie, um 80 Prozent des Erfolges zu verwirklichen. Die übrigen 80 Prozent können Sie nutzen, um das Leben zu genießen! Nichts ist perfekt und das ist gut so.

37)
Erfolg ist kein Zufall

Es haben sich schon viele Menschen bei mir darüber beschwert, dass sie gerne erfolgreich wären, aber nicht das entsprechende Glück dazu haben. Sie seien nicht in einer reichen Familie aufgewachsen oder hätten den falschen Berufsweg eingeschlagen, um wirklich erfolgreich sein zu können. Manche behaupten sogar, Erfolg sei etwas Willkürliches, das nur gewissen Menschen widerfährt, die zufällig Glück haben. Doch stimmt das? Ist Erfolg nur wenigen privilegierten Menschen vorbehalten, mit denen es der Zufall gut meint?

Die Antwort darauf lautet: Nein! Erfolg ist kein Zufall. Bevor man überhaupt beurteilen kann, ob jemand erfolgreich ist oder nicht, muss man definieren, was Erfolg eigentlich bedeutet.

Woran denken Sie, wenn Sie das Wort »Erfolg« hören oder lesen? Welches Bild haben Sie dabei vor Augen? Denken Sie an einen gut bezahlten Job? An ein großes Anwesen mit einer Villa? An luxuriöse Sportwagen oder Urlaube an den schönsten Stellen der Erde? Wenn ja, dann sind Sie damit nicht alleine. Die meisten Menschen assoziieren finanziellen Wohlstand mit Erfolg. Tatsächlich ist es jedoch so, dass materieller Reichtum nur ein Nebeneffekt des Erfolges ist. Erfolg ist etwas ganz anderes!

Per Definition ist Erfolg das Erreichen seiner Ziele oder das Eintreten einer beabsichtigten Wirkung. Wenn es Ihr Ziel ist, viel Geld zu verdienen und einen luxuriösen Lebensstandard zu haben, dann stimmen die eben genannten Eindrücke mit Ihrem persönlichen Erfolg überein. Wenn Sie jedoch keinen großen Wert auf Geld und materiellen Besitz legen, hat Erfolg für Sie eine ganz andere Bedeutung. Denken Sie an Ihre langfristigen Ziele. Was möchten Sie in Ihrem Leben erreichen? Haben Sie es klar vor Augen? Dann wissen Sie auch, worin Ihr persönlicher Erfolg liegt. Jeder Schritt, den Sie unternehmen, um diesem persönlich gesteckten Ziel näherzukommen, lässt sich bereits als Erfolg verbuchen.

An dieser Stelle können wir bereits zwei wichtige Tatsachen festhalten: Erstens muss man nicht in einer wohlhabenden Familie aufwachsen, um erfolgreich zu sein und zweitens ist Erfolg kein Zufall. Kehren wir noch einmal zur Definition des Wortes »Erfolg« zurück. Erfolg ist das Erreichen seiner Ziele oder das Eintreten einer beabsichtigten Wirkung. Damit man Erfolg haben kann, muss man also selbst bestimmen, was man erreichen will. Erfolg kann Ihnen nicht durch puren Zufall vor die Füße fallen. Sie müssen eine Wirkung beabsichtigen und erst, wenn diese eintritt, erreichen Sie Ihr Ziel. Sie können Erfolg nicht stehlen und man kann ihn Ihnen nicht schenken. Er ist etwas, das Sie sich selbst erarbeiten müssen.

Jeder Mensch kann erfolgreich sein. Die beiden Grundvoraussetzungen dafür sind, dass Sie genau wissen, was Erfolg für Sie bedeutet und dass Sie bereit sind, alles dafür Notwendige zu tun. Selbstverständlich ist die Ausgangssituation nicht für jeden Menschen gleich. Wir suchen uns nicht aus, in welche Wiege wir hineingeboren werden. Manche Menschen wachsen in sozial schwachen Familien auf und haben durch die Tatsache, dass sie härter für ihren Lebensunterhalt arbeiten müssen, vorerst weniger Zeit, um sich der Erfüllung ihrer Wünsche zu widmen. Andere Menschen wachsen in wohlhabenden Verhältnissen auf, haben weniger Verpflichtungen und können sich deshalb intensiver um ihre persönliche Entwicklung kümmern. Das bedeutet jedoch nicht, dass Erfolg nur wenigen Menschen vergönnt ist. Es bedeutet lediglich, dass jeder Lebensweg und jede Erfolgsgeschichte sich unterschiedlich gestaltet.

Wenn es Ihr Ziel ist, ein professioneller Athlet zu werden, dann müssen Sie bereit dazu sein, eine unerschütterliche Disziplin aufzubauen und regelmäßig zu trainieren. Wenn Sie finanziell reich sein wollen, müssen Sie dazu bereit sein, finanzielle Risiken einzugehen, ein Unternehmen zu gründen und hart und ausdauernd zu arbeiten. Wenn Sie ein berühmter Schriftsteller sein wollen, müssen Sie viel lesen, sich umfangreich bilden und dazu bereit sein, eine ganze Weile zu arbeiten, ohne dafür finanziell entlohnt zu werden. Was auch immer Erfolg für Sie bedeutet: Er wird Ihnen nicht geschenkt und tritt nicht durch Zufall ein. Nur Sie können ihn erreichen.

Die meisten ambitionierten Menschen scheitern, weil sie zu schnell aufgeben. Sie suchen sich Vorbilder, schauen zu ihnen auf und wünschen sich, so zu werden wie sie. Nach ein paar engagierten Tagen voller Motivation stellen sie fest, dass sie ihr Ziel noch nicht erreicht haben und verlieren deshalb jeden Mut. Seien Sie niemals so naiv. Wenn es einfach wäre, seine Ziele zu erreichen, würde es jeder Mensch tun. Es würde jeden Reiz verlieren und wir würden uns neue, höhere Ziele setzen. Eine zwingende Voraussetzung für Erfolg ist, dass Sie am Ball bleiben und nicht aufgeben. Jeder noch so kleine Schritt ist ein Fortschritt und muss wertgeschätzt werden. Es ist die Summe Ihrer kleinen Schritte, die Sie letztendlich am Ziel ankommen lässt.

Als der ehemalige britische Premierminister Winston Churchill seine letzte öffentliche Rede hielt, erwartete man, eine großartige und emotionale Rede von ihm zu hören, in der er die Erfolge seiner Karriere zusammenfasst und stolz zurückblickt. Was er stattdessen tat, überraschte die ganze Welt. Er betrat die Bühne und sagte: »Gib niemals auf. Nie! Nie! Nie!« Daraufhin verließ er die Bühne wieder und ließ das Publikum erstaunt zurück.

Nur, wenn Sie bereit sind, Ihren ganz eigenen Weg konsequent zu gehen und sich durch nichts von Ihren Zielen abbringen zu lassen, werden Sie erfolgreich sein. Das ist es, was den Unterschied zwischen erfolgreichen und erfolglosen Menschen ausmacht. Wenn Sie einen erfolgreichen Menschen sehen, sehen Sie immer nur das Resultat seiner harten Arbeit. Sie sehen die großartigen physischen Leistungen eines Athleten, aber Sie sehen nicht die zahlreichen harten Trainingseinheiten, die vielen Entbehrungen und die eiserne Disziplin, die zu all dem geführt haben. Wenn Sie einen wohlhabenden Unternehmer sehen, sehen Sie seine Firma und seine Produkte, aber nicht die Risiken, die umfangreiche Entwicklung und die zahlreichen Arbeitsstunden, die darin stecken. Wenn Sie das Buch eines erfolgreichen Schriftstellers lesen, sehen Sie seine Worte und seine Botschaft, aber nicht den langen Weg, den er beschreiten und gehen musste, um Ihnen diese Botschaft zukommen zu lassen. Erfolg ist das Ergebnis von Zielstrebigkeit und Durchhaltevermögen.

Unterstellen Sie anderen Menschen nicht, durch Zufall erfolgreich geworden zu sein. Nehmen Sie sich ein Beispiel an erfolgreichen Personen und versuchen Sie, ihre Wege nachzuvollziehen. Auch Sie können und werden erfolgreich sein! Richten Sie Ihren Fokus auf das, was Sie erreichen möchten und machen Sie sich auf den Weg. Und wenn es Ihnen unterwegs schwerfallen sollte, motiviert zu bleiben, dann denken Sie an das, was Winston Churchill sagte. Geben Sie niemals auf. Nie! Nie! Nie!

38)
Die Gemeinsamkeit zwischen Geld und einer Gabel

Wir haben uns bereits mit der Tatsache beschäftigt, dass wir die Welt ohne Besitz betreten und sie auch wieder ohne Besitz verlassen. Aus dieser simplen Tatsache lernen wir, dass Geld und materieller Besitz nicht die wichtigsten Dinge in unserem Leben sind. Entgegen der Meinung vieler Menschen ist es aber auch nicht so, dass Geld etwas Schlechtes ist. Geld ist im Prinzip eine sinnvolle Sache und sehr nützlich, wenn man ihm einen realistischen Wert beimisst und damit umzugehen weiß. In diesem Kapitel beschäftigen wir uns damit, wie Sie eine Perspektive zu Geld entwickeln, die Ihr persönliches Glück und das Erlangen von mehr Lebensqualität fördert.

Eine Gabel ist nichts, was in der Natur vorkommt. Sie wurde von Menschen erschaffen, um einem bestimmten Zweck zu dienen: Sie erleichtert uns das Essen. Dasselbe gilt für einen Hammer. Auch er ist ein Werkzeug, das von Menschen gemacht wurde, um gewisse Arbeiten zu erleichtern. Mit Geld ist es nicht anders. Geld ist ein von Menschen ins Leben gerufenes Mittel. Im Grunde genommen ist es genauso ein Werkzeug wie eine Gabel oder ein Hammer!

Wenn Sie vernünftig mit diesem Werkzeug arbeiten, können Sie positive Resultate erzielen. Gehen Sie jedoch unvorsichtig oder unbedacht damit um, richten Sie Schäden an, so wie mit jedem anderen Werkzeug auch.

Geld ist das vielseitigste und mächtigste Werkzeug. In dem System, auf dem unser gesellschaftliches Leben beruht, ist beinahe alles mit Geld zu erwerben: Nahrung, Unterkunft, Versorgungsgüter, Luxusgegenstände, medizinische Versorgung und noch Vieles mehr. Wer viel Geld besitzt, verfügt auch über viele Möglichkeiten und Sicherheiten. Aus diesem Grund streben die meisten Menschen danach, eine hoch bezahlte Arbeit auszuführen, um ein erfolgreiches und glückliches Leben zu leben. Doch ist viel Geld eine Voraussetzung für Glück, Zufriedenheit und Selbstbewusstsein?

Die Antwort lautet: Ja und nein. Gehen wir zuerst darauf ein, warum die Antwort »Nein« lauten könnte:

Geld ist relativ. Sie können morgen in der Lotterie gewinnen und plötzlich wohlhabend sein. Genauso könnten Sie heute noch all Ihr Geld verlieren und somit keine Existenzgrundlage mehr haben. Die Voraussetzung dafür, dass diese Konsequenzen eintreten können, ist, dass Geld einen hohen Wert für die Gesellschaft hat. Würden die Finanzmärkte zusammenbrechen, wäre Geld von einer Sekunde auf die andere wertlos. Gäbe es einen globalen Krieg, eine schwerwiegende Naturkatastrophe oder einen sich

weltweit ausbreitenden Virus, wie Sie ihn vielleicht aus manchen Horrorfilmen kennen, würde auch niemand mehr Wert auf Geld legen. Plötzlich ginge es darum, zu überleben, so wie es über viele Jahrtausende lang der Fall für unsere Vorfahren war.
Vielleicht halten Sie es für unwahrscheinlich, dass so etwas passieren könnte, aber tatsächlich ist keines dieser Szenarien komplett auszuschließen. Die weltpolitische Situation ist angespannt, der Planet Erde befindet sich in einem angeschlagenen Zustand und der Fortschritt der modernen Medizin birgt auch seine Risiken. Sie müssen sich nicht davor fürchten, sondern verstehen, dass das Geld-System ein künstliches und begrenztes System ist, das nicht unserer wahren Natur entspricht. Somit hat Geld nicht die höchste Priorität im Leben.

Weiterhin benötigen Sie kein Geld, um in Einklang mit sich und Ihrer Umwelt zu leben. Sie benötigen kein Geld, um ein guter Mensch zu sein, wertvolle Beziehungen zu Ihren Mitmenschen zu pflegen und Ihr wahres Glück zu erlangen. Tatsächlich ist es aber so, dass eine gewisse Menge an Geld Ihnen dabei helfen kann, glücklicher und zufriedener zu leben.

Deshalb könnte die Antwort auf die vorhin gestellte Frage »Ja« lauten:

Es gibt zwar keine Garantien dafür, dass unser gesellschaftliches System ewig aufrechterhalten werden wird, aber Fakt ist, dass es noch intakt ist. Das bedeutet also, dass Geld aktuell das wichtigste und

mächtigste Werkzeug ist, das uns im Alltag zur Verfügung steht. Es stimmt jedoch nicht, dass mehr Geld mehr Glück bedeutet! Wer genügend Geld hat, um seinen Lebensunterhalt zu finanzieren und keinen Mangel leiden zu müssen, erfüllt auch in unserem gesellschaftlichen System alle Voraussetzungen, um nachhaltig glücklich und zufrieden zu sein.
Wer in Deutschland ein Einkommen von monatlich 2500 Euro hat, kann genauso glücklich sein wie jemand, der 100.000 Euro pro Monat verdient. Warum? Weil er sich von seinem kleineren Gehalt eine Unterkunft, Nahrung, medizinische Versorgung, Mobilität und viele Annehmlichkeiten im Alltag leisten kann. Alles, was darüber hinausgeht, ist purer Luxus, welcher nicht zu mehr Glück verhelfen kann.

Glück, Zufriedenheit und Erfolg sind nicht käuflich. Die meisten Menschen machen den Fehler, Geld eine zu hohe Bedeutung zuzuschreiben. Manche sind regelrecht besessen davon. Sie arbeiten so hart und so viel sie können, um ihr Einkommen so stark wie möglich zu steigern. Gleichzeitig sparen sie so eifrig wie nur möglich, um ihr hart verdientes Geld nicht wieder zu verlieren. Sie sind so fixiert und verbissen, dass sie ihr Leben verpassen und nicht realisieren, dass sie ihre gesamte Lebenszeit darauf verwenden, etwas zu sammeln, das nur einen fiktiven Wert hat und das sie am Ende ihres Lebens nicht mitnehmen können.

Die Gier nach Geld und der damit einhergehenden gesellschaftlichen Macht ist einer, wenn nicht sogar

der Hauptverursacher für die meisten Probleme der Menschheit. Weniger als 1 Prozent aller Menschen besitzen mehr als 99 Prozent allen Geldes. Einer Oxfam-Studie von 2016 zufolge besitzen 62 »superreiche« Menschen so viel Geld wie die Hälfte der Weltbevölkerung. Es besitzen also 62 Personen zusammengenommen so viel Geld wie 3,6 Milliarden (!) andere Menschen.
Mehrere Milliarden Menschen auf der Welt leben unter furchtbaren Bedingungen. Sie haben kein Obdach, leiden Hunger und Durst, erhalten keine medizinische Versorgung und sind Konflikten und Kriegen ausgesetzt. Obwohl es auf der Welt von allen Ressourcen genügend für alle gibt (nicht nur Geld), liegt die Verteilung bei 1 zu 99. Das ist es, was die Gier aus uns macht.

Wenn Sie Ihr Selbstbewusstsein weiterentwickeln, positiv denken und in Einklang mit Ihren Mitmenschen und Ihrer gesamten Umwelt kommen, werden Sie feststellen, dass Sie nicht viel Geld brauchen, um wirklich glücklich zu sein.

Geld ist zweifelsohne ein wichtiger Faktor in unserem gesellschaftlichen Leben. Es sichert uns die Grundversorgung, die wir benötigen und verschafft uns einige Annehmlichkeiten. Denken Sie jedoch daran, dass Geld Sie darüber hinaus nicht glücklich machen kann, sondern für ein weltweites Ungleichgewicht sorgt, das im Endeffekt großes Unglück nach sich zieht. Fragen Sie sich, wie viel Geld Sie monatlich benötigen, um versorgt und ausgeglichen zu sein.

Wenn Ihr Einkommen dafür ausreicht, können Sie sich unbeschwert Ihrer persönlichen Entwicklung widmen. Wenn es nicht ausreicht, können Sie trotzdem Glück und mehr Lebensqualität erlangen. Die Bedingungen werden dadurch lediglich etwas erschwert. Machen Sie sich Gedanken darüber, wie Sie entweder mehr Geld akquirieren können oder den benötigten Betrag Ihrem Einkommen anpassen. Es gibt für jedes Problem eine Lösung!

Machen Sie sich nicht zu viele Sorgen wegen des Geldes und bringen Sie es nicht mit all Ihren Lebenszielen in Verbindung. Es mag ein wichtiges Werkzeug sein, aber es ist nicht die Essenz Ihres persönlichen Glücks. In diesem Buch erhalten Sie viele Anregungen, die Ihnen dabei helfen, sich auf das Wesentliche zu fokussieren: Auf sich und Ihre persönliche Entwicklung. All diese Anregungen erfordern kein Geld, sondern nur Ihr Engagement.

39) Erkennen Sie Ihren Reichtum

Zu Beginn dieses Kapitels möchte ich Ihnen eine kleine Geschichte erzählen:

Ein junger Mann ist in seinem teuren Sportwagen unterwegs. Als er an der Ampel steht, sieht er auf der gegenüberliegenden Straßenseite einen noch luxuriöseren Sportwagen und sagt sich: »Verdammt, so einen müsste ich haben. Ich muss nur noch ein wenig härter arbeiten, dann kann ich ihn mir auch bald leisten. Dann habe ich es wirklich zu etwas gebracht.«
Im selben Moment fährt ein Student in seinem alten Kleinwagen vorbei und sieht den jungen Mann in seinem Sportwagen. Er sagt sich: »Wow, der ist doch höchstens so alt wie ich und fährt so ein Auto! Glück muss man im Leben haben. Ich rolle hier in dieser alten Mühle durch die Straßen.«
Er überholt einen Fahrradfahrer. Dieser blickt ihm erstaunt hinterher und sagt: »Meine Güte, ist das ein hässliches Auto. Aber immerhin hat er ein Auto. Wenn ich auch so eins hätte, müsste ich nicht ständig auf dem Rad strampeln und würde bei Regen auch mal trocken bleiben.« Er tritt härter in die Pedale und kommt an einer Bushaltestelle vorbei.
Zu dieser Bushaltestelle rennt gerade ein Junge, der

vergeblich versucht, noch seinen Bus zu erwischen. Völlig außer Atem und enttäuscht kommt er an der Haltestelle zum Stehen und sagt sich: Verdammt, wenn ich mir doch auch nur ein Rad leisten könnte, damit ich nicht immer mit dem Bus fahren muss!«
Neben ihm an der Haltestelle sitzt ein anderer Junge in einem Rollstuhl, der denkt: »Der arme Kerl. Aber immerhin hat er gesunde Beine, mit denen er dem Bus nachjagen kann. Wenn ich doch nur wieder laufen könnte, dann würde ich sogar überall zu Fuß hingehen!«
Abseits des Ganzen, auf der anderen Straßenseite, sitzt ein Obdachloser auf dem bloßen Bordstein. Er murmelt leise vor sich hin: »Was für ein armer Junge dort drüben. So jung und schon an den Rollstuhl gefesselt. Aber immerhin ist er gepflegt, gut versorgt und hat ein Zuhause. Ich kann mich nicht einmal daran erinnern, wann ich das letzte Mal eine anständige Mahlzeit hatte.«

Das Leben kann anstrengend und schwierig sein. Während wir uns unseren Weg durch den Alltag bahnen, sind wir oft so beschäftigt und verbissen, dass wir aus den Augen verlieren, wie gut es uns eigentlich geht. Wir streben immer nach mehr, wollen hoch und weit hinaus und geben uns niemals zufrieden. Sobald wir einen Fortschritt machen und ein Ziel erreichen, gewöhnen wir uns schnell daran und suchen direkt nach der nächsten Herausforderung. Das ist im Grunde genommen nichts Schlimmes, sondern eine wichtige Voraussetzung für unsere Weiterentwicklung. Man sollte dabei jedoch vorsichtig sein.

Es gibt einen wichtigen Unterschied zwischen Zufriedenheit und Dankbarkeit. Wenn Sie vollkommen zufrieden wären, würden Sie dieses Buch nicht lesen. Vollkommene Zufriedenheit würde bedeuten, keinen Grund zur Veränderung irgendeines Umstandes oder irgendeiner Situation zu haben. Somit steht die Zufriedenheit unserer persönlichen Entwicklung im Weg. Wenn man erfolgreich sein möchte, muss man seine Zufriedenheit im Fortschritt finden. Das bedeutet, dass man nicht mit endgültigen Zu- oder Umständen zufrieden sein sollte, sondern mit der Tatsache, dass man sich weiterentwickelt. Schließlich ist die Weiterentwicklung eine Grundvoraussetzung für den persönlichen Erfolg.
Damit sich dieses Streben nach Zufriedenheit aber nicht zu einer rastlosen Hetzjagd nach Erfolg entwickelt, sollte man dankbar sein und stets Wertschätzung für den Reichtum in seinem Leben empfinden. Entwickeln Sie einen Blick für all das Gute um Sie herum. So stärken Sie Ihre momentane Zufriedenheit, denn Sie erkennen, dass Ihr Streben nach Zufriedenheit positive Resultate hervorbringt. Weiterhin lernen Sie dadurch, durchzuatmen, den Moment wertzuschätzen und zu realisieren, dass das Leben gut ist und dass Sie Vieles richtig machen.

Legen Sie das Buch für einen Moment beiseite und denken Sie an die vielen großartigen Dinge, Menschen und Reichtümer in Ihrem Leben. Was sehen Sie? Womit sind Sie vom Leben gesegnet und was haben Sie sich hart erarbeitet, worauf Sie stolz sind?

Stellen Sie sich vor, Sie würden plötzlich auf einer einsamen Insel leben, fernab von Ihrer Heimat. Was würden Sie vermissen? Welche Menschen würden Ihnen am meisten fehlen und warum? Nach welchem Luxus und welchen alltäglichen Annehmlichkeiten würden Sie sich sehnen, von denen Sie aktuell täglich Gebrauch machen? Versuchen Sie, sich ein möglichst klares Bild dieser Situation zu machen und möglichst viele Dinge aufzuzählen, die Sie nicht entbehren wollen würden. So führen Sie sich vor Augen, wie reich Sie eigentlich sind.

Wir führen, hier in Westeuropa, ein sehr privilegiertes und luxuriöses Leben. Der Lebensstandard, den wir als Grenze zur Armut bezeichnen, ist in anderen Teilen der Welt mehr als überdurchschnittlich. Das bedeutet nicht, dass wir keine Ansprüche haben dürfen, sondern dass wir oft dem Irrglauben erliegen, mehr haben und schaffen zu müssen, um wirklich glücklich zu sein. Im Grunde genommen haben wir alles, was wir dafür brauchen. Werfen Sie einen aufmerksamen Blick auf sich und Ihr Leben und Sie werden feststellen, dass es stimmt.

Zu unseren größten Privilegien gehört unsere Freiheit. Wir können unser Leben frei und ohne Zwänge gestalten, haben ein Recht darauf, unsere Meinung frei zu äußern und können uns selbst aussuchen, wie oder mit wem wir unsere Zeit verbringen. Auch das ist, mit Blick auf den Rest der Welt, nicht selbstverständlich.

Dankbarkeit sorgt für Entschleunigung. Sie hilft uns dabei, zu entspannen und den Moment wertzuschätzen. Probieren Sie es aus. Seien Sie dankbar für die Menschen, Möglichkeiten, Freiheiten und Annehmlichkeiten in Ihrem Leben. Sie können, dürfen und sollen weiterhin bestrebt sein, sich weiterzuentwickeln. Wer jedoch immer nur nach vorne schaut, um das nächste Ziel zu erreichen, entwickelt einen Tunnelblick und verliert die positiven Auswirkungen seiner Erfolge aus den Augen. Die Erfolge, die Sie erarbeiten, erfüllen einen bestimmten Zweck. Sie sollen Sie glücklicher und selbstbewusster machen. Erlauben Sie Ihren Fortschritten, das zu tun, indem Sie ihnen Beachtung schenken und sie wertschätzen.

Wenn Sie mal einen Tag haben sollten, an dem Sie sich unzufrieden und demotiviert fühlen, dann nehmen Sie sich einen kleinen Moment Zeit, um durchzuatmen. Schließen Sie die Augen und denken Sie an all die guten Dinge und Menschen in Ihrem Leben. Machen Sie sich bewusst, dass Sie es sich selbst zu verdanken haben, dass all dieser Reichtum vorhanden ist. So werden Sie schnell wieder zu Ihrer Motivation zurückfinden.

40)
Hören Sie auf, zu kämpfen. Gewinnen Sie!

Es gibt viele Menschen, die das Leben als Kampf betrachten. Sie haben das Gefühl, sich täglich durch den Alltag zu boxen und sprechen davon, »die Ellenbogen ausfahren« zu müssen, um sich ihren »Platz im Leben« zu sichern. Wieder andere behaupten, das Leben sei ein Spiel und dass man ein guter Spieler sein müsse, um darin zu bestehen. Es gibt mit Sicherheit gute Gründe, eine dieser Ansichten zu vertreten, doch kommt in Ihnen nicht auch die Frage auf, weshalb man ewig kämpfen oder spielen sollte? Ist das Ziel eines Kampfes oder eines Spiels nicht eigentlich, zu gewinnen? Sollten wir unsere Zeit und Energie nicht also lieber darin investieren, zu gewinnen anstatt täglich weiterzukämpfen?

Bei genauerer Betrachtung können wir feststellen, dass es in der Tat viele Kämpfe gibt, die wir täglich ausfechten. Wir kämpfen gegen unsere Erinnerungen und die Vergangenheit an. Wir kämpfen mit uns selbst, wenn wir uns unseren Ängsten stellen wollen und wir kämpfen mit unseren Gefühlen, wenn wir verletzt, enttäuscht oder verärgert werden. Wir kämpfen gegen uns selbst, um unseren inneren

Schweinehund zu überwinden und endlich disziplinierter und erfolgreicher zu werden.
Zusätzlich kämpfen wir gegen unsere Mitmenschen. Wir kämpfen gegen ihre Meinung an oder gegen ihre Ablehnung, wenn sie uns und unsere Entscheidungen in Frage stellen.
An jedem einzelnen Tag befinden wir uns in zahlreichen Kämpfen und es lässt sich nicht vermeiden, dass diese uns früher oder später herunterziehen. Jeder Kampf bringt Verletzungen und Erschöpfung mit sich. Man wird irgendwann müde davon, sich jeden Tag all diesen Herausforderungen zu stellen, ohne weiterzukommen. Früher oder später kommt es schließlich zu schwerwiegender Unzufriedenheit, welche dem persönlichen Glück natürlich im Weg steht.

Im Grunde genommen haben Sie drei Optionen, doch nur eine davon führt zu Glück und Erfolg. Die erste Option ist, das Kämpfen aufzugeben und Vieles hinzunehmen. In diesem Fall nehmen Sie die Meinung anderer hin, erliegen Ihren Schwächen, verlieren jegliche Disziplin, finden sich mit dem ab, was um Sie herum geschieht und verlieren die Ambition, sich weiterzuentwickeln und erfolgreicher zu werden. Da es auf diese Art und Weise unmöglich ist, wahres Glück oder mehr Lebensqualität zu erfahren, sollte dies niemals eine Option für Sie sein.
Die zweite Option ist, standhaft zu bleiben und weiterzukämpfen. Das ist das, was die meisten Menschen jeden Tag aufs Neue tun. Vielleicht erkennen Sie sich darin wieder. Wenn ja, dann wird es Zeit, etwas zu verändern.

Die dritte Option ist, nicht mehr zu kämpfen, um zu bestehen, sondern zu kämpfen, um zu gewinnen oder einen Kampf zu vermeiden! Sie führen die alltäglichen Kämpfe weiterhin aus, aber mit einem absehbaren Ende. Oder Sie finden eine Möglichkeit, gar nicht erst kämpfen zu müssen. Sie verabschieden sich von dem Frust, der Sie sonst überkommt, wenn Sie sich vergeblich bemühen. Doch wie stellen Sie das an? Genau das werden wir uns nun anschauen.

Es gewinnt nicht der stärkste Kämpfer, sondern der klügste. Der Hauptgrund dafür, dass Menschen immer nur kämpfen, ohne zu einem Ergebnis zu kommen, ist, dass sie niemals hinterfragen, was sie eigentlich tun. Einen Kampf gewinnt man nicht, indem man stärker und eifriger wird, sondern indem man ihn vermeidet. Man entzieht ihm jegliche Daseinsberechtigung und eliminiert somit die Notwendigkeit eines Kampfes. Wo es keinen Kampf gibt, können Sie sich nicht aufreiben. So einfach ist das. Manchmal müssen Sie sich ein letztes Mal einem Kampf stellen, um ihn zu beenden, also kämpfen, um zu gewinnen, wie vorhin erwähnt. Andere Kämpfe können Sie jedoch komplett einstellen, ohne sich jemals wieder damit beschäftigen zu müssen.

Kämpfen Sie nicht gegen Ihre Erinnerungen und die Vergangenheit an. Ringen Sie nicht mit dem, was gewesen ist. Konfrontieren Sie sich mit dem, was Sie belastet und begreifen Sie, dass es vorbei ist und keine Daseinsberechtigung mehr hat. Denken Sie daran, dass die Zeit uns kontinuierlich weiterträgt und von dem entfernt, was hinter uns liegt. Sie kämpfen nur gegen ein Phantom. Die Schmerzen und die Erschöpfung fügen Sie sich selbst zu.

Kämpfen Sie nicht gegen die Meinung anderer Menschen an. Die einzige Meinung über Sie, die wirklich zählt, ist Ihre eigene. Und wenn Sie gegen eine Meinung ankämpfen wollen, um jemanden zu unterstützen, dann denken Sie daran, dass Sie nur versuchen können, jemanden zu überzeugen. Sie können jemandem lediglich dabei helfen, eine gewisse Sichtweise zu entwickeln. Sie kennen dieses Prinzip, denn Sie erleben es gerade in diesem Moment. Sie erhalten Ratschläge, die Sie unterstützen sollen, aber Sie werden nicht zu Ihrem Glück gezwungen. Geben Sie den Kampf auf. Sie können niemanden zu einer Meinung zwingen und selbst wenn Sie es könnten, würde es Ihnen am Ende keinen Vorteil bringen.

Bestrafen Sie sich nicht selbst für die Fehler Ihrer Mitmenschen. Ärgern Sie sich nicht über Umstände, die Sie nicht verursacht haben. Denken Sie daran, dass wütend zu sein so ist, als würden Sie Gift trinken und darauf warten, dass jemand anderes davon stirbt. Es macht keinen Sinn. Geben Sie den Kampf auf, denn auch Ihre größten Bemühungen werden Ihre Mitmenschen nicht von ihren Fehlern befreien.

Kämpfen Sie nicht gegen sich selbst, wenn Sie hin und wieder mal demotiviert oder undiszipliniert sind. Zwingen Sie sich nicht, sondern überzeugen Sie sich. Sie können einen Kampf gegen sich nicht gewinnen.

Sie können sich stattdessen gute Gründe dafür liefern, nicht mehr kämpfen zu müssen. Führen Sie sich die Chancen und Möglichkeiten vor Augen, die sich ergeben, wenn Sie motiviert, diszipliniert und voller Tatendrang an Ihre täglichen Aufgaben herantreten. Machen Sie Ihren Frieden mit sich und seien Sie nicht streng, wenn es mal an einem Tag nicht so klappt, wie es eigentlich sollte.

Welche Kämpfe tragen Sie täglich aus? Welche Herausforderungen, Probleme und Ärgernisse treten immer wieder auf? Welchen davon stellen Sie sich regelmäßig, ohne dabei Fortschritte zu erzielen? Listen Sie sich alle vor Ihren Augen oder auf einem Notizzettel auf. Im nächsten Schritt hinterfragen Sie diese Kämpfe. Was bringt es Ihnen, sie auszufechten? Ist das überhaupt nötig?

Das Leben ist schön und es will genossen werden. Ewig zu kämpfen, bedeutet, rastlos zu sein. Ersparen Sie sich den Ärger und konzentrieren Sie sich darauf, glücklich zu sein. Denken Sie nicht an Probleme, die Sie einschränken, sondern an Herausforderungen, an denen Sie wachsen. Denken Sie nicht an Schwierigkeiten, die Sie auf die Probe stellen, sondern an Möglichkeiten, die Sie vorwärts bringen können.

Der chinesische General Sunzi soll um etwa 500 v. Chr. gesagt haben: »Der klügste Krieger ist der, der niemals kämpfen muss.« Nehmen Sie sich ein Beispiel daran, denn so gewinnen Sie wirklich!

41)
»Urlaub« neu definieren

Was ist Ihre erste Assoziation zum Wort »Urlaub«? Welches Bild erscheint bei diesem Begriff zu allererst vor Ihrem geistigen Auge? Ein schöner Strand? Palmen? Eine Hängematte? Eine Hotelanlage mit einem großen Swimmingpool? So oder so ähnlich sehen zumindest die Vorstellungen der meisten Menschen aus. Das ist nicht schlimm oder falsch, denn schließlich können das durchaus Bestandteile eines Urlaubs sein. Kritisch wird es erst dann, wenn man sich unter Urlaub nichts anderes als das vorstellen kann.

In den ersten Kapiteln des Buches haben wir uns mit dem alltäglichen Arbeitsleben beschäftigt und damit, dass die Perspektive auf den eigenen Job und die »Freizeit« maßgeblich darüber entscheidet, wie viel Lebensqualität Sie dabei empfinden oder auch nicht. Da der Urlaub auch ein wichtiger Bestandteil der Arbeitswelt ist, sollten wir ihn nicht vernachlässigen. Vielleicht wissen Sie es noch nicht, aber mit einem ganz einfachen Trick können Sie ein Vielfaches an Urlaubstagen gewinnen!

Im Grunde genommen ist der klassische Urlaub, wie wir ihn kennen, etwas Trauriges oder auch Schockierendes. Zumindest, wenn man ihn so darstellt, wie es die meisten Menschen unterbewusst machen. Stellen Sie sich vor, Sie hätten das Wort »Urlaub« noch nie gehört und würden auch das Konzept dahinter nicht kennen. Da Sie neugierig sind, bitten Sie jemanden um eine Erklärung und dieser sagt zu Ihnen: »Urlaub ist die Freizeit, die man sich nimmt, um sich von den Strapazen der Arbeit zu erholen. Wenn man das ganze Jahr lang gearbeitet hat, kann man sich für ein paar Wochen eine Auszeit nehmen und irgendwohin fahren, um sich dort auszuruhen. Dann kommt man gut ausgeruht zurück und hat wieder Kraft, um ein weiteres Jahr zu arbeiten.«

Hört sich das nicht furchtbar an? Betrachtet man das Ganze auf diese Weise, so ist der Urlaub nur eine kurze Verschnaufpause, bevor der Alltagstrott weitergeht. Eine Auszeit, in der man sich von den Belastungen des Arbeitsalltags erholt. Das sollte jedoch nicht so sein. Erinnern Sie sich daran, dass die Arbeit keine Strapaze ist, sondern eine sinnvolle Beschäftigung, die Ihnen eine wertvolle Aufgabe gibt. »Freizeit« gibt es nicht, denn Sie sind immer frei und für Erholung sorgen Sie nach dem Feierabend. Ihre Urlaubszeit sollte nicht geopfert werden, damit Sie die Füße hochlegen und durchatmen können, in der Angst, dass der Ernst des Lebens Sie bald wieder einholen wird. Es sollte eine angenehme und aufregende Zeit sein, in der Sie zelebrieren, dass Sie eine Pause von Ihren üblichen Verpflichtungen haben und nun Neues entdecken können. Das, was den Alltag fad und anstrengend macht, ist in Wirklichkeit nicht die

Schwere Ihrer Arbeit, sondern die Tatsache, dass Sie häufig dasselbe erleben.

Sie haben mit Sicherheit eine bestimmte Lieblingsspeise. Wenn Sie sie jeden einzelnen Tag serviert bekommen, wird sie irgendwann fad, langweilig und manchmal sogar unerträglich, obwohl Sie sie eigentlich sehr gerne mögen. Genauso ist es mit all den Dingen, die Sie täglich machen oder erleben. Sie sehen ständig dieselben Orte, Personen und gehen routiniert denselben Tätigkeiten nach. An einem durchschnittlichen Tag sehen Sie Ihr Zuhause, Ihren Arbeitsplatz, örtliche Einkaufszentren und natürlich die Menschen, denen Sie regelmäßig begegnen. Auch, wenn Sie all diese Dinge mögen, werden sie irgendwann eintönig.
Was machen Sie, wenn Sie Ihre Lieblingsspeise zu oft gegessen haben? Sie ersetzen sie für eine kurze Zeit durch andere Gerichte und nur wenige Tage später freuen Sie sich schon wieder auf Ihre gute alte Lieblingsspeise, die Ihnen noch kurz zuvor zuwider war. Genauso verhält es sich mit Ihrem Alltag. Damit es Ihnen nicht zu langweilig wird, brauchen Sie zwischendurch einen kleinen Urlaub, damit Sie sich schon bald wieder auf Ihr gewohntes Umfeld freuen können.

Nun fragen Sie sich bestimmt, wie das bewerkstelligt werden soll, denn schließlich gibt es im Arbeitsleben üblicherweise nur wenige Urlaubstage pro Jahr. Die Lösung für dieses Problem liegt im Umdenken! Wenn Sie sich unter dem Begriff »Urlaub« ausschließlich eine mehrwöchige und weite Reise vorstellen können, schränken Sie sich ein. Urlaub können Sie jederzeit machen!

Wenn Sie dem alltäglichen Trott für einen Moment entkommen wollen, müssen Sie keine weite Reise unternehmen. Es reicht vollkommen aus, etwas Neues auszuprobieren oder neue Orte zu entdecken. Das kann überall sein, sogar im direkten Umkreis Ihrer Stadt. Unternehmen Sie lange Spaziergänge oder Wanderungen und erkunden Sie die Ortschaft. Machen Sie an einem arbeitsfreien Tag einen kurzen Trip zu einem nahegelegenen Ort, in dem es Sehenswertes zu entdecken gibt. Im Grunde gibt es überall etwas Neues zu finden. Die Welt ist riesig und möchte von Ihnen erkundet werden. Sie ist viel zu schön, um immer nur vom selben Ort aus betrachtet zu werden.

Kehren wir noch einmal zur Essens-Metapher zurück: Möchten Sie 48 Wochen lang dieselbe Speise essen und dann für 4 Wochen ein alternatives Gericht ausprobieren, um anschließend wieder für 48 weitere Wochen auf das ursprüngliche Essen zurückzugreifen? Oder möchten Sie lieber regelmäßig Abwechslung hineinbringen, viel Neues ausprobieren und sich anschließend wieder darauf freuen, zu Gutem und Bewährtem zurückzukehren? Es liegt ganz bei Ihnen.

Weder das Wochenende noch der Urlaub sollten eine bloße Verschnaufpause für die Strapazen des Alltags sein. Nutzen Sie diese arbeitsfreie Zeit, um die Welt und das Leben zu entdecken, neue Erfahrungen zu sammeln und Wertschätzung für die bereits bestehenden Bestandteile Ihres Lebens zu entwickeln. Eliminieren Sie alle Ausreden und machen Sie sich auf den Weg. Die ganze Welt ist Ihre Komfortzone.

42)
Womit niemandem geholfen ist

Ein guter Mensch zu sein, bedeutet unter anderem, nicht immer nur an sich zu denken und seinen Mitmenschen hin und wieder hilfsbereit zur Seite zu stehen. Vor allem dann, wenn Menschen, die Sie mögen, ein Problem haben oder nicht in der Lage sind, ihre Herausforderungen alleine zu bewältigen, fühlen Sie sich in der Verantwortung, einzugreifen und zu helfen. Das macht Sie zweifelsohne zu einem selbstlosen Menschen mit guten Absichten, gefährdet aber gleichzeitig auch Ihr persönliches Glück.

Wie inzwischen schon einige Male erwähnt, haben Sie die volle Verantwortung und somit auch Kontrolle über Ihr Leben. Sie treffen alle Entscheidungen, sorgen selbst für Ihre Weiterentwicklung und Ihren Erfolg und vor allem ist es Ihre Aufgabe, sich um alle anfallenden Probleme und Herausforderungen zu kümmern.
So, wie Sie die wichtigste Person in Ihrem Leben sind, ist auch jeder andere Mensch die wichtigste Person in seinem eigenen Leben und folgerichtig ebenfalls eigenverantwortlich. Damit jeder glücklich, selbstbewusst, selbstbestimmt und ausgeglichen sein kann, ist es in erster Linie wichtig, dass sich jeder um seine

eigenen Belange kümmert und sein dadurch entstehendes Glück mit seinen Mitmenschen teilt. Dieses Prinzip funktioniert zumindest in der Theorie.

Im Alltag passiert es immer wieder, dass jemand in eine Situation gerät, in der er Unterstützung benötigt. Sie kennen das: Ein Arbeitskollege kann seinen Dienst nicht wahrnehmen und bittet Sie darum, einzuspringen. Manchmal werden Sie darum gebeten, bei finanziellen Problemen mit ein wenig Geld behilflich zu sein und manchmal geht es um ganz banale Dinge, wie zum Beispiel Hilfe bei einem Umzug. Oft erleben Sie es auch, dass ein Freund oder eine Freundin emotional angeschlagen ist und Ihren Rat und Beistand benötigt. Es kommt einfach ständig vor, dass Sie irgendwo aushelfen müssen, um ein guter Freund und Mitmensch zu sein. Hilfsbereit, wie Sie sind, willigen Sie ein und tun, was in Ihrer Macht steht.

Das Gefährliche daran ist, dass jemand, dem geholfen wird, unterbewusst realisiert, dass sein Problem sich gelöst hat, ohne dass er dafür sein volles Engagement zeigen musste. Helfen Sie dieser Person ein weiteres Mal aus, so nimmt diese wahr, dass schon wieder eine Herausforderung mit minimalem Aufwand überwunden wurde. Erinnern Sie sich daran, dass Gedanken durch Wiederholung und praktische Bestätigung vom Unterbewusstsein aufgenommen und realisiert werden. Das bedeutet im Klartext: Wenn einer Person ständig geholfen wird, beginnt diese zu glauben, der beste Weg zur Problemlösung sei, sich auf die Hilfe anderer zu verlassen. Es entstehen eine hohe Erwartungshaltung und ein Abhängigkeitsverhältnis.

Vor allem gutgläubige Menschen haben Schwierigkeiten damit, »Nein« zu sagen und glauben, ihren Mitmenschen immer helfen zu müssen. Mit ihrer dauerhaften Hilfsbereitschaft vermitteln sie anderen, dass diese ihre Probleme nicht selbst lösen müssen, sondern sich immer darauf verlassen können, eine freundliche und kompetente Unterstützung an ihrer Seite zu haben.
Gutgläubige Menschen sind jene, die am häufigsten ausgenutzt werden. Das liegt nicht daran, dass man ihnen gegenüber böse Absichten hat. In Wahrheit sind sie es selbst schuld, da sie ihre Mitmenschen dazu erziehen, ihre Probleme nicht selbst lösen zu müssen.

Es mag gemein und herzlos klingen, aber tatsächlich muss sich jeder Mensch so gut und so viel wie möglich selbst um seine Aufgaben und Probleme kümmern, um unabhängig und selbstbewusst zu bleiben. Das heißt nicht, dass man anderen nicht helfen sollte. Selbstverständlich ist es gut, hin und wieder jemandem mit Rat und Tat zur Seite zu stehen. Man sollte diese Hilfe jedoch nicht zur Gewohnheit werden lassen, sowohl zu seinem eigenen Schutz als auch zu dem der Person, der geholfen wird.

Weiterhin ist es wichtig zu verstehen, dass Sie anderen nur dann wirklich helfen können, wenn Sie zuerst sich selbst helfen. Diese Tatsache folgt einem einfachen Prinzip: Sie müssen ein bestimmtes Problem bereits selbst gelöst haben, um anderen zeigen zu können, wie man damit umgeht. Ganz einfach gesagt heißt das: Sie können Ihre Freunde erst dann zu ihren emotionalen Problemen beratschlagen, wenn Sie selbst bereits Erfahrungen in einem ähnlichen Fall gemacht haben. Sie können andere nur dann finanziell unterstützen, wenn Sie selbst über ausreichend Geld verfügen und Sie können erst dann die Arbeit eines Mitmenschen übernehmen, wenn Sie gewährleistet haben, dass Ihre eigene Arbeit erledigt ist und nicht liegenbleibt.

Sie können anderen Menschen dabei helfen, die Lösung zu einem Problem zu finden, aber Sie tun sich keinen Gefallen, wenn Sie jemandem ein Problem abnehmen und dann alleine damit klarkommen müssen, obwohl Sie es nicht verursacht haben. Damit ist niemandem geholfen.

Themen wie dieses sind immer schwierig, weil es schnell danach klingt, als würde die Logik dahinter uns zu Egoisten machen. Tatsächlich ist es so, dass Sie wirklich das brauchen, was gerne »gesunder Egoismus« genannt wird, um nicht nur sich, sondern auch anderen helfen zu können. Das macht Sie zu keinem schlechten, sondern zu einem intelligenten und vorausschauenden Menschen.
Sie verstehen dadurch zwei sehr wichtige Prinzipien: Erstens, dass Sie nur dann eine Bereicherung für Ihre Mitmenschen sein können, wenn Sie zuerst sich

selbst helfen und zweitens, dass Sie anderen nicht helfen, indem Sie ihnen ihre Probleme abnehmen. Jeder Mensch muss in der Lage sein, sich selbst um seine Aufgaben und Herausforderungen zu kümmern. So sind für jeden die optimalen Bedingungen für Glück, Erfolg und Selbstbewusstsein gegeben.

Helfen Sie Ihren Mitmenschen dabei, Lösungen zu finden und geben Sie ihnen Ratschläge, die sie selbst erkennen lassen, was gut für sie sein könnte. Denken Sie daran, dass es nicht möglich ist, andere zu ihrem Glück zu zwingen. Sie helfen niemandem, wenn Sie anderen ihre Entscheidungen und Probleme abnehmen. Weder ihnen, noch sich selbst.

Es wird immer Menschen geben, die diese Sicht der Dinge als egoistisch empfinden. Diese Menschen fürchten sich davor, ihre Eigenverantwortung zu übernehmen und suchen deshalb nach Wegen und Möglichkeiten, um sich nicht selbst um ihre Aufgaben und Probleme kümmern zu müssen. Lassen Sie sich davon nicht herunterziehen. In Ihrem Innern wissen Sie, dass Sie jemandem die beste Hilfe bieten, wenn Sie ihm dabei helfen, sich selbst zu helfen.

43)
Ab wann Fehler zum Problem werden

Es gibt ein ziemlich altes Sprichwort, das in etwa so lautet: »Du kannst 1000 Dinge richtig machen und einen Fehler. Niemand wird dir sagen, was du gut gemacht hast, aber jeder wird deinen Fehler verurteilen.«

Die meisten Menschen fürchten sich davor, Fehler zu machen, da sie genau wissen, wie scharf sie dafür von ihrem Umfeld kritisiert werden. Manche haben so große Angst davor, dass sie die Vorstellung, überhaupt einen Fehler machen zu können, komplett verdrängen. Sie reden sich ein, unfehlbar zu sein, um sich keiner Kritik aussetzen zu müssen. Entsprechend verhalten sie sich dann. Macht man sie auf einen Fehler aufmerksam, werden sie aggressiv oder ziehen sich zurück, um nicht mit der Wahrheit konfrontiert zu werden.
Fällt Ihnen dabei jemand Bestimmtes ein? Kennen Sie eine Person, die auch für die schonungsvollste Kritik vollkommen unempfänglich ist?

Wenn ja, dann seien Sie dieser Person nicht böse. Sie erliegt einfach nur einem Irrglauben, den ein Großteil der Gesellschaft angenommen hat. Da die meisten Menschen eine hohe Erwartungshaltung haben und es als selbstverständlich empfinden, wenn alles zu ihrer Zufriedenheit läuft, wertschätzen sie nicht das, was ihre Mitmenschen gut machen, sondern fixieren sich ausschließlich auf das, was wider ihrer Erwartungen läuft, also auf Fehler. Wir nehmen diese Tatsache unterbewusst wahr und reden uns ein, dass es besser ist, keine Fehler zu machen, um in keine Konflikte zu geraten und nicht in Frage gestellt zu werden. Das führt wiederum dazu, dass wir unsere eigenen Fehler ausblenden und sie kompensieren, indem wir uns noch stärker auf die Fehler unserer Mitmenschen fokussieren. Es ist ein Teufelskreis.

Einen Fehler zu machen, ist in erster Linie nicht schlimm, sondern notwendig, um einen Fortschritt zu erreichen. So, wie wir Risiken eingehen und scheitern müssen, müssen wir auch im Allgemeinen Fehler machen. Einfach gesagt heißt das: Wir müssen auf die heiße Herdplatte fassen, um zu verstehen, dass wir es nie wieder tun sollten. Genauso müssen wir einen Mitmenschen emotional verletzen, um seine Grenzen der Sensibilität wirklich zu erkennen. Fehler sind ein fester Bestandteil jedes Lernprozesses.

Damit ein Fehler wirklich nützlich sein kann, darf er nur ein einziges Mal passieren. Einen Fehler zu machen, ist nicht schlimm. Ihn zu wiederholen, schon!

Der große Nachteil von Fehlern ist, dass sie häufig irreparable Schäden verursachen. Unsere Wunden verheilen nicht immer, nicht jeder Schaden lässt sich reparieren und es ist nicht gewährleistet, dass unsere Mitmenschen uns jeden Fehler verzeihen. In der Theorie ist es vorteilhaft, eine Lektion zu lernen und sie zu verstehen, ohne dafür einen Fehler begehen zu müssen. In der Praxis sieht es jedoch häufig so aus, dass ein Fehler notwendig ist, damit die realen Konsequenzen den Lernenden die Tragweite seiner Handlungen, Entscheidungen oder Aussagen begreifen lassen. Wenn das der Fall ist, muss aus diesem einmaligen Fehler gelernt werden. Jede Wiederholung zieht noch verheerendere Folgen nach sich.

An dieser Stelle sei gesagt, dass schwerwiegende Fehler, wie z.B. Straftaten sofort durch dafür qualifizierte Menschen verurteilt werden müssen. In diesem Kapitel geht es »nur« um alltägliche Fehler, die mehr oder weniger harmlos sind, aber unserem persönlichen Glück im Weg stehen und unser Sozialleben erschweren.

Es klingt hart, aber tatsächlich brauchen wir manchmal ein »Opfer«, um eine Lektion wirklich zu lernen. Wir müssen einen schwerwiegenden Fehler machen und es muss jemand darunter leiden, damit wir ihn nie wieder begehen. Hierzu möchte ich Ihnen ein Beispiel nennen:

Sie gehen Ihre erste Liebesbeziehung ein und lernen zum ersten Mal, was es bedeutet, einen Menschen auf romantische Art und Weise zu lieben. Da Sie unerfahren darin sind, sind Sie ungewollt unsensibel. Der einzige Maßstab für emotionale Empfindsamkeit ist Ihr eigener und dieser ist nicht zwingend kom-

patibel mit dem Ihres Partners, da schließlich jeder Mensch anders ist.
Sie haben bis jetzt noch nie so intensiv auf die Interessen eines Mitmenschen Rücksicht nehmen müssen und verhalten sich egoistisch, ohne es böse zu meinen. Wenn Ihr Partner Sie darauf aufmerksam macht, zeigen Sie nur wenig Verständnis, da Sie ja nicht nachvollziehen können, worin das Problem liegt. Sie verhalten sich so, wie sonst auch immer und unterstellen Ihrem Partner, er würde Sie nicht so mögen, wie Sie sind. Dieser hält das für eine Unterstellung und fühlt sich verletzt. Er mag Sie sehr gerne, erwartet aber von Ihnen mehr Einfühlvermögen. Da Sie das Problem nicht verstehen und sich angegriffen fühlen, beginnen Sie einen Streit und verletzen Ihr Gegenüber. Früher oder später endet die Partnerschaft und erst im Nachhinein begreifen Sie, dass Sie tatsächlich einen Fehler gemacht haben. Sie vermissen Ihren ehemaligen Partner, aber die Reue kommt zu spät.

Das Gute an einer solchen Situation ist, dass Sie den Fehler und seine Tragweite verstehen. Durch den Verlust und den realen Schmerz wurden Sie dazu gezwungen, das Geschehene objektiv zu hinterfragen und Ihr Fehlverhalten zu erkennen. Das Schlechte daran ist, dass Sie einen Mitmenschen verloren haben, der Ihnen am Herzen liegt. Sie haben diese Person verletzt und sie musste als »Opfer« dienen, damit Sie Ihre Lektion lernen konnten. Damit es im weiteren Verlauf Ihres Lebens keinen weiteren Kummer und keine weiteren »Opfer« gibt, sollten Sie aus diesem einen Fehler lernen und ihn nicht mehr wiederholen.

Denken Sie daran: Es ist nicht schlimm, einen Fehler zu machen. Es ist schlimm, einen Fehler zu wiederholen.

Wer Angst vor Fehlern hat und sie krampfhaft verleugnet, schadet nicht nur seinen Mitmenschen, sondern beraubt sich auch der Chance, seine Fehler zu erkennen und aus ihnen zu lernen. Wer nicht aus seinen Fehlern lernt, wird sie ständig wiederholen, sich und anderen damit schaden und steht zusätzlich seiner Entwicklung und somit seinem persönlichen Glück im Weg.

Damit Menschen lernen, offener mit ihren Fehlern umzugehen, müssen sie weniger Angst vor ihnen und den Konsequenzen haben. Helfen Sie Ihren Mitmenschen dabei, indem Sie ihre Fehler nicht scharf verurteilen, sondern ihnen dabei helfen, sie zu erkennen. Seien Sie nicht einer der Menschen, die 1000 gute Taten als selbstverständlich betrachten und sich dann auf einen einzigen Fehler fokussieren. Seien Sie nachsichtig, dann wird man auch nachsichtiger mit Ihnen umgehen.

Haben Sie keine Angst davor, Fehler zu machen, aber hüten Sie sich davor, Ihre Fehler zu wiederholen. Und was ganz wichtig ist: Wenn Sie einen Fehler machen, dann stehen Sie dafür gerade und leisten Sie die beste und aufrichtigste Wiedergutmachung, die Sie können. So stellen Sie Ihre wahre Charakterstärke unter Beweis.

44)
Befreien Sie nicht andere, sondern sich selbst

Wo Fehler gemacht werden, da gibt es auch Menschen, die verletzt wurden. Sie kennen das mit Sicherheit von sich selbst. Gibt es einen oder mehrere Menschen, zu denen Sie den Kontakt beendet haben, da diese Ihnen gegenüber Fehler gemacht und Sie somit emotional verwundet haben? Wie fühlen Sie sich, wenn Sie an diese Personen denken? Wütend oder auch traurig? Verspüren Sie einen leichten Stich im Magen, wenn Sie sich an das Geschehene erinnern?

Die meisten Menschen haben Schwierigkeiten damit, Vergangenes zu verzeihen. Sie wollen, dass die Person, die ihnen geschadet hat, leidet. Dabei begreifen sie nicht, dass sie nicht andere, sondern sich selbst leiden lassen. In Wirklichkeit geht es beim Vergeben nämlich nicht darum, andere zu befreien, sondern sich selbst.

Jedes Mal, wenn Sie an jemanden denken und dabei etwas Negatives empfinden, schaden Sie sich selbst. Sie trüben Ihre Gedanken und vermitteln Ihrem Unterbewusstsein Hass und Frustration. Die negativen

Konsequenzen dessen wirken sich in Ihrem Leben aus, nicht in einem anderen.
Wünschen Sie sich nicht, dass jemand leidet. Sie sind kein Richter. Verderben Sie sich nicht durch Rachsucht. Jemand, der einen Fehler begangen und Sie infolgedessen verloren hat, ist bereits zur Genüge bestraft. Vor allem dann, wenn Sie selbst schon schwerwiegende Fehler begangen haben, können Sie gut nachvollziehen, wie es sich anfühlt, unwiderruflichen Konsequenzen ausgesetzt zu sein.

Wenn Sie glücklich und unbeschwert leben wollen, müssen Sie allen unnötigen Ballast verlieren. Tragen Sie nicht das Gepäck aus vergangenen Tagen mit sich herum. Erinnern Sie sich daran, dass ein Leben in der Vergangenheit nicht möglich ist und dass bereits der bloße Versuch Ihre Lebensqualität mindert.

Der Sinn im Abbrechen des Kontakts liegt darin, einen anderen Menschen aus dem eigenen Leben zu entlassen. Man möchte nicht mehr verletzt oder enttäuscht werden und befindet es deshalb für das Beste, getrennte Wege zu gehen. Sie trennen sich jedoch nicht wirklich von jemandem, wenn Sie ihm nicht verzeihen. Sie tragen diese Person und das, was sie getan hat, stets mit sich und belasten sich damit. Die einzige Möglichkeit, sich wirklich zu befreien, liegt darin, aufrichtig zu vergeben.

Aufrichtig zu vergeben, bedeutet, das Geschehene und alle daran gebundenen Emotionen loszulassen. Verabschieden Sie sich von Ihrem Groll und Ihrer

Trauer. Erkennen Sie, dass Sie Ihre Gedanken negativ färben, wenn Sie jemandem etwas Schlechtes wünschen. Verstehen Sie, dass das, was passiert ist, nicht mehr zu ändern ist und machen Sie Ihren Frieden damit. Sehen Sie, dass die Personen, die Sie verloren haben, bereits mit den Konsequenzen ihrer Handlungen gestraft sind und dass es keiner weiteren Strafe Ihrerseits bedarf.
Wünschen Sie anderen von Herzen alles Gute und begreifen Sie, dass es richtig war, getrennte Wege zu gehen. Es ist nun alles gut.

Vergeben bedeutet nicht immer, Menschen loszulassen. Es kann auch bedeuten, sich »nur« vom Geschehenen zu lösen und anderen eine zweite Chance zu geben. Prüfen Sie stets, ob dieser Weg eine sinnvolle Option für Sie wäre, denn Vergebung ist ein Zeichen wahrer Charakterstärke.

Jeder kann wütend und nachtragend sein. Jeder kann andere für ihre Fehler kritisieren und sie verfluchen. Es bedarf keiner besonderen Intelligenz, Bildung oder Empathie, um auf anderen herumzuhacken. Vergeben können jedoch nur charakterstarke und empathische Menschen, die verstehen, dass Jedem Fehler unterlaufen können. Wer begreift, dass Fehler ein fester Bestandteil aller Lernprozesse sind, wird automatisch nachsichtiger mit seinen Mitmenschen.
Menschen, die ein weiteres Mal die Chance bekommen, an Ihrem Leben teilzuhaben, sind oft dankbar und zeigen große Wertschätzung. Wenn sie das nicht tun, können Sie anschließend immer noch Konse-

quenzen ziehen. Häufig lohnt es sich jedoch, anderen dabei zu helfen, ihre Fehler zu erkennen und sie zukünftig zu vermeiden.

Vor allem in Familien gibt es häufig ein erstaunliches Phänomen zu beobachten: Zwei miteinander verwandte Menschen haben einen großen Streit und gehen sich anschließend aus dem Weg. Sie vermeiden jeglichen Kontakt und bringen die anderen Familienmitglieder somit in eine unangenehme Situation, da diese das Gefühl haben, sich für eine Partei entscheiden zu müssen.
Die beiden Personen haben jahrelang keinen direkten Kontakt zueinander, beziehen aber von den anderen Familienmitgliedern regelmäßig Informationen über den jeweils anderen. Dabei ärgern sie sich ständig, da sie einander keine Erfolge oder Fortschritte im Leben gönnen und darauf warten, dass der andere endlich »angekrochen« kommt, um sich zu entschuldigen. Da beide dickköpfig sind, tritt dieser Fall nicht ein. Irgendwann geschieht das Unvermeidliche: Einer der beiden erkrankt, erleidet einen Unfall oder liegt aufgrund seiner eintretenden Altersschwäche im Sterben. Die Familie engagiert sich, um die beiden Streithähne noch ein letztes Mal zusammenzuführen. Aufgrund der ernsten Situation begreifen beide die Endgültigkeit des Todes, die nun bevorsteht. Unter Tränen vergeben sie einander und bereuen all die vergeudete Zeit, in der sie gegeneinander Groll gehegt haben, anstatt friedlich Seite an Seite zu leben.

Solche Fälle gibt es häufiger als Sie glauben würden. Vielleicht haben Sie dies oder etwas Ähnliches bereits selbst erlebt. Wir können daran erkennen, wie unnötig es ist, einander nicht zu vergeben. Die beiden Personen aus unserem Beispiel hätten von Anfang an zwei Möglichkeiten gehabt, um einander zu befreien und unbeschwert weiterzuleben. Die erste Option wäre, den Kontakt tatsächlich zu beenden, einander loszulassen, zu vergeben und friedlich seinen eigenen Weg zu gehen. Die zweite Option wäre, die Differenzen beizulegen und einander direkt zu vergeben. Am Ende, dem wortwörtlichen Ende, macht man das ja ohnehin. Auf diese Weise hat man viele glückliche gemeinsame Jahre und muss sich nicht dem belasten, was einmal gewesen ist.

Wenn Sie an einen Menschen denken, der Sie verletzt oder enttäuscht hat und dabei keine Wut oder Trauer verspüren, wissen Sie, dass Sie ehrlich mit dem Vergangenen abgeschlossen haben. Wenn Sie dieser Person durch Zufall begegnen und dabei keinen unangenehmen Stich im Bauch verspüren, wissen Sie, dass Sie verziehen und sich somit befreit haben. Beginnen Sie noch heute, sich zu befreien. Denken Sie an die Menschen, gegen die Sie einen Groll hegen und wünschen Sie ihnen alles Gute. Seien Sie nachsichtig mit den Menschen, die Sie lieben und warten Sie vor allem nicht bis zum Ende Ihres Lebens, um jemandem zu verzeihen, der Ihnen in Wahrheit am Herzen liegt.

45)
Teilen Sie Ihr Glück

»Glück ist das einzige, das sich verdoppelt, wenn man es teilt.« – Albert Schweitzer

Alles, was Sie bis hierhin gelesen haben, beruht auf der Notwendigkeit Ihrer Eigenverantwortung. Die volle Verantwortung für sich und sein Leben zu übernehmen, ist eine zwingende Voraussetzung für mehr Glück, Zufriedenheit, Selbstbewusstsein und Erfolg. Damit Sie den für sich richtigen Weg einschlagen können, müssen Sie gewährleisten, von allen negativen äußeren Einflüssen unabhängig zu sein.

Viele Menschen fürchten sich davor, die volle Verantwortung zu übernehmen. Das hat nicht nur den Grund, dass sie sich bei dem Gedanken daran überfordert fühlen. Oft ist es auch so, dass sie Angst davor haben, ihre Freunde und Bekannten zu verlieren. Sie erliegen dem Irrglauben, die Eigenverantwortung würde bedeuten, sich von anderen Menschen zu distanzieren und »sein eigenes Ding« durchzuziehen. Das ist jedoch nicht der Fall. In Wahrheit trifft sogar das genaue Gegenteil zu! Wer das Steuer seines eigenen Lebens übernimmt und glücklicher und selbstbewusster wird, ist eine Bereicherung für seine

Mitmenschen. Wie Albert Schweitzer bereits sagte, verdoppelt Glück sich, wenn man es teilt. Damit Sie Glück zum Teilen haben, müssen Sie bei sich anfangen und es erlangen.

Eigenverantwortlich zu sein, heißt nicht, sich von seinen Mitmenschen zu entfernen. Es bedeutet, dass man wichtige Entscheidungen selbst trifft und stets in seinem eigenen Interesse handelt. Schöne Momente mit anderen Menschen zu teilen, ist definitiv eine Entscheidung in Ihrem Interesse!

Häufig machen Menschen den Fehler, die Eigenverantwortung mit einem Einzelgänger-Dasein gleichzusetzen. Beachten Sie bitte, dass wir Menschen heutzutage alle miteinander vernetzt und aufeinander angewiesen sind. Es ist beinahe unmöglich, gesellschaftlich isoliert und vollkommen unabhängig von allem zu leben. Wenn Sie zum Beispiel Ihre alltäglichen Einkäufe erledigen, gehen Sie dafür in einen Supermarkt, der von anderen Menschen betrieben wird. Wenn Ihr Auto repariert werden muss, sind Sie auf die Hilfe von Mechanikern angewiesen und wenn Sie einen neuen Haarschnitt brauchen, gehen Sie zum Friseur. All diese Dinge zu tun, liegt in Ihrem eigenen Interesse und in Ihrer Verantwortung. Damit all das reibungslos funktioniert, sind Sie jedoch auf Ihre Mitmenschen angewiesen. Ein Einzelgänger zu sein, ist also nicht empfehlenswert.

Es liegt ein gewaltiger Unterschied dazwischen, ob man unabhängig und glücklich ist und dieses Glück mit einem anderen unabhängigen Menschen teilt oder ob man glaubt, man könne erst glücklich sein, wenn man einen anderen Menschen zum Glücklichsein gefunden hat. Um Ihnen das zu verdeutlichen, möchte ich Ihnen eine Lesermail zeigen, die ich vor einiger Zeit von einer jungen Frau erhalten habe. Sie schrieb:

»*Lieber Michael,*
du hast immer für so viele Probleme eine Lösung und ich hoffe, dass du auch eine für meins hast. Mein großes Problem ist, dass ich inzwischen 31 Jahre alt bin und noch immer niemanden gefunden habe, mit dem ich glücklich sein kann. Alle meine Freundinnen sind schon lange in einer Beziehung oder verheiratet. Nur ich habe ständig Pech mit den Männern und bin deswegen sehr unglücklich. Ich möchte unbedingt Kinder und einen lieben Ehemann, damit ich auch glücklich sein kann, aber irgendwie wird das nix. Ich verstehe gar nicht, woran das liegt. Ich bin eigentlich ziemlich hübsch und bin in den letzten Jahren auch mit vielen Männern ausgegangen, aber denen ist das Ganze immer irgendwie zu ernst. Die wollen wohl nichts Festes, aber ich schon. Ich frage mich dann, ob die etwa nicht glücklich sein wollen. Was meinst du dazu? Was mache ich falsch? Gibt es vielleicht eine Möglichkeit, auch ohne Mann und Kinder glücklich zu werden? Ich glaube nämlich langsam, dass es für mich darauf hinauslaufen wird. Ich würde mich riesig über eine Nachricht von dir freuen.
Ganz liebe Grüße
Leserin« (Der echte Name wird zum Schutz der Privatsphäre nicht genannt.)

Meine Antwort darauf lautete:

»Hallo »Leserin«,
vielen Dank für deine Nachricht. Da wir uns nicht persönlich kennen, kann ich dir leider nicht sagen, ob du im Umgang mit Männern etwas falsch machst oder nicht. Ich glaube jedoch, zu wissen, weshalb viele Männer vor einer festen Beziehung mit dir zurückschrecken: Du bist der Meinung, du müsstest einen Partner finden, um glücklich sein zu können. Das bedeutet, dass du nur mithilfe einer anderen Person glücklich sein kannst. Diese Form des Zusammenseins ist nicht Liebe, sondern Abhängigkeit. Bei einer Liebesbeziehung geht es doch darum, dass zwei glückliche Menschen ihr Glück miteinander teilen, um gemeinsam noch glücklicher zu werden. Wenn dein Partner dich glücklich machen muss, gibt es ein Ungleichgewicht zwischen euch beiden und somit ist die Beziehung von Anfang an zum Scheitern verurteilt.
Auch wenn das hart klingt, ist das eine gute Nachricht für dich: Du kannst nicht nur ohne Mann und Kinder glücklich sein, sondern musst es auch! Als bereits glückliche Frau, die einen Mann sucht, um ihr Glück zu teilen und nicht, um es zu bekommen, wirst du viel attraktiver auf die Männerwelt wirken und einen sympathischen Menschen anziehen, mit dem du dann noch glücklicher sein und Kinder bekommen kannst. Denk einfach mal in Ruhe darüber nach und sag mir, was du davon hältst. Ich hoffe, dass ich dir mit diesem Gedankenanstoß weiterhelfen konnte.
Viele Grüße
Michael«

Es ist wichtig, zu verstehen, dass Sie dann am glücklichsten mit Ihren Mitmenschen sind, wenn Sie bereits ohne sie glücklich sind. Seien Sie nicht abhängig davon, dass andere Sie glücklich machen, sondern nehmen Sie Ihr Glück selbst in die Hand und teilen Sie es anschließend, um es zu verdoppeln!

Es gibt ein englisches Wortspiel, das diesen Sachverhalt kurz und knackig beschreibt: »Stop looking for your soulmate. Start looking for your soul, mate.«

Frei übersetzt bedeutet das: »Suche nicht nach deinem Seelenpartner. Suche deine Seele, Partner.«

Kümmern Sie sich selbst um Ihr Glück, Selbstbewusstsein, Ihre Zufriedenheit und Ihren Erfolg und nutzen Sie all das, um es mit den Personen zu teilen, die Ihnen am Herzen liegen. So entwickeln Sie sich nicht nur zum besten Menschen, der Sie sein können, sondern erschaffen auch einen wahren Mehrwert für all Ihre Mitmenschen.

46)
Vom Geben und Gewinnen

Dass Sie dieses Buch lesen, bedeutet, dass Sie Ihr Glück in die eigenen Hände nehmen. Sie erkennen Ihre Eigenverantwortung an und sind bereit, etwas in Ihrem Leben nachhaltig zum Positiven zu verändern. Das ist gut so! Ich kann Ihnen versichern, dass Sie sich damit auf dem richtigen Weg befinden. Leider gilt das jedoch nicht für alle Menschen. Viele haben den Glauben an ein erfülltes Leben und die Perspektive auf ihr persönliches Glück verloren. Diese Menschen haben in der Vergangenheit negative Erfahrungen gemacht und wissen nicht, damit umzugehen oder sie leiden unter einem körperlichen Handicap und glauben, der Weg zu ihrem persönlichen Glück sei dadurch versperrt. Es ist unsere Aufgabe, ihnen zu neuen Sichtweisen zu verhelfen. Dafür müssen wir uns nicht aufopfern und keine Probleme von anderen übernehmen. Wir müssen nur geben, was wir ohnehin im Überfluss haben.

Wir haben in diesem Buch bereits das Thema Geld und materiellen Besitz ausgiebig behandelt. Dabei haben wir festgestellt, dass wir nicht viel davon brauchen, um glücklich zu sein. Viele Menschen haben mehr Besitz als ihnen guttut, während andere obdachlos sind und hungern. Um dieses Ungleichgewicht zu bereinigen, sind in erster Linie einige wirtschaftliche und politische Schritte nötig, die wir hier nicht weiter thematisieren wollen. Doch auch abseits dessen gibt es Möglichkeiten, mit überflüssigem Geld oder Besitz Gutes zu tun: Geben Sie Bedürftigen das, was Sie nicht benötigen und Sie werden mehr zurückerhalten, als Sie vermuten würden.

Viele Menschen haben Angst davor, selbst zu wenig zu haben. Sie häufen Geld und Besitz an und sagen sich, sie hätten hart dafür gearbeitet. Der dadurch entstehende Geiz kann so stark werden, dass er unsere moralischen Wertvorstellungen überdeckt.

Vor einiger Zeit sprach mich ein Obdachloser auf einem Supermarktparkplatz an. Er sagte, er habe starken Hunger und bat mich um ein wenig Kleingeld. Ich überreichte ihm 10 Euro, schüttelte ihm die Hand und sagte, er solle nicht den Mut verlieren. Als ich ihn mit ein paar guten Wünschen verabschiedete, kam eine fremde Frau auf mich zugestürmt und fragte mich wutentbrannt, ob ich von allen guten Geistern verlassen sei. Ich könne diesem »Penner« doch kein Geld geben und dann noch seine schmutzige Hand anfassen. Er würde das Geld doch ohnehin für Alkohol ausgeben.
Ich antwortete: »Das Geld gehört jetzt diesem Mann. Es geht mich nichts an, was er damit macht. Außerdem habe ich ihm nicht einfach nur Geld gegeben, sondern auch ein Lächeln, ein wenig Motivation und

etwas Hoffnung. Und lassen Sie uns nicht vergessen, dass er hungrig ist.«
Daraufhin erwiderte die Frau: »Ja, und? Dann isst er heute etwas und hat morgen eh wieder Hunger. Das Geld hätten Sie sich sparen können.«
Diese Reaktion ließ mich erkennen, wie hässlich Geiz und Gier uns erscheinen lassen können.

Wir sehen unseren alltäglichen Luxus als viel zu selbstverständlich an. Wir denken oft nicht daran, wie qualvoll und deprimierend es ist, Hunger leiden zu müssen, kein Zuhause zu haben oder am Rande der Gesellschaft zu stehen. Wenn wir etwas mit unseren Mitmenschen teilen, dann geht es häufig nicht um das Materielle, sondern um die Geste und ihre Symbolik. Wenn wir ehrlich zu uns sind, erkennen wir, dass wir immer die Möglichkeit haben, eine Kleinigkeit an Bedürftige zu geben. Und sei es nur ein Lächeln oder ein freundliches Wort.

Verabschieden Sie sich von dem Gedanken, dass Spenden ausschließlich materieller Natur sind. Sie können sehr viel geben, ohne dafür auch nur einen Cent ausgeben zu müssen. Lassen Sie mich Ihnen ein paar Beispiele geben:

Wenn Sie sehen, dass jemand betrübt ist und sein Lächeln verloren hat, dann schenken Sie ihm Ihres. Es kostet Sie nichts, aber kann jemandem den Tag versüßen. Diese Person wird vielleicht zu einem späteren Zeitpunkt einem anderen traurigen Menschen begegnen, sich an Ihre freundliche Geste erinnern und deswegen auch ein Lächeln verschenken. Mit Ihrer guten Tat geben Sie einen Anstoß, der weit über diese eine Situation hinausgehen kann.

Helfen Sie Ihren Mitmenschen hin und wieder mit einem guten Rat aus. Geben Sie zum Beispiel das, was Sie in diesem Buch lesen, an andere weiter. Denken Sie dabei daran, dass Sie nur gute Ratschläge geben und niemanden zu seinem Glück zwingen können. Eröffnen Sie Möglichkeiten und neue Perspektiven, aber versuchen Sie nicht, jemanden zu überzeugen. Das bringt nur unnötigen Ärger. Ein kurzer, freundschaftlicher Rat kann jedoch wahre Wunder bewirken.

Loben Sie Ihre Mitmenschen. Geben Sie ihnen das Gefühl, etwas richtig zu machen und motivieren Sie sie. Teilen Sie hin und wieder einem Arbeitskollegen mit, dass er gute Arbeit leistet. Belohnen Sie Ihre Kinder, Neffen oder Nichten mit etwas Anerkennung, wenn diese brav sind und sich löblich verhalten. Wertschätzen Sie es, wenn Sie sehen, dass sich jemand Mühe bei etwas gibt.

Teilen Sie den Menschen, die Ihnen am Herzen liegen, mit, wie wichtig sie Ihnen sind. Schenken Sie ihnen Ihre Zeit und Aufmerksamkeit. Zeigen Sie ihnen Wertschätzung dafür, dass sie ein Teil Ihres Lebens sind und Sie somit bereichern.

Mit all diesen Dingen tun Sie nicht nur Ihren Mitmenschen Gutes, sondern vor allem sich selbst. Ein

guter Mensch zu sein, steigert Ihr Selbstwertgefühl. Sie wertschätzen sich und Ihre Großherzigkeit und gewinnen dadurch mehr Selbstvertrauen.
Außerdem wird nicht nur Ihr eigenes Selbstbild verbessert, sondern auch das Bild, das andere von Ihnen haben. Ihre Empathie wird nicht lange unbemerkt bleiben und Sie werden feststellen, dass Sie all das, was Sie geben, in der ein oder anderen Form regelmäßig zurückerhalten.

In Wirklichkeit ist es nicht so, dass Ihnen etwas fehlt, wenn Sie anderen etwas geben. Sie erhalten immer viel mehr zurück als Sie ursprünglich investiert haben. Wenn Sie dieses Prinzip verstehen, verinnerlichen und anwenden, werden Sie ein wahrhaft reicher Mensch sein.

47) Schenken Sie von Herzen, nicht aus Zwang

Feiertage sind etwas Schönes. Egal, ob Ostern, Weihnachten oder Geburtstage. An Feiertagen nimmt man sich in der Regel frei von der Arbeit und macht sich einen schönen Tag mit seinen liebsten Mitmenschen. Und obendrauf gibt es noch das, worauf sich viele Menschen am meisten freuen: Geschenke. Leider wird das Schenken häufig von negativen Gedanken oder Gefühlen überschattet und wird somit zu einer Unannehmlichkeit. In diesem Kapitel beschäftigen wir uns damit, warum das so ist und was Sie dagegen tun können.

Die meisten Menschen schenken nicht, weil sie das Bedürfnis dazu haben, sondern weil sie müssen. Sie kennen das: Sie sind zur Geburtstagsfeier eines Freundes eingeladen und richten sich kurzfristig Zeit ein, um daran teilnehmen zu können. Es gibt nur noch ein kleines Problem: Sie haben noch kein Geschenk und können sich ohne nicht auf der Party blicken lassen. Deshalb fahren Sie in die Stadt, um noch schnell etwas Passendes zu finden. Dabei haben Sie natürlich noch überhaupt keine Ahnung, was es sein soll. Bei Ihren Überlegungen ist nicht nur entscheidend, was

Ihr Freund gerne mag, sondern auch, wie viel das Präsent kosten darf. Um einen realistischen Wert zu ermitteln, erinnern Sie sich daran, was Sie zuletzt von dieser Person geschenkt bekommen haben. Wenn es etwas Teures war, können Sie unmöglich ein günstigeres Geschenk kaufen, denn dann würden alle anderen etwas Schlechtes von Ihnen denken. Sie fühlen sich gezwungen, etwas Kostspieliges zu kaufen und sind dadurch unzufrieden.

Häufig ist es so, dass wir nicht das schenken, von dem wir glauben, dass es einem Mitmenschen besonders gut gefallen könnte. Wir suchen nach etwas Gleichwertigem zu dem, was wir selbst in der Vergangenheit erhalten haben. Tatsächlich ist das Schenken für viele Menschen ein ständiges Begleichen einer »Schuld«. Man macht es, weil man es eben »muss« und nicht, weil man es für sinnvoll hält. Etwas Ähnliches lässt sich an Weihnachten beobachten:

Weihnachten, das Fest der Liebe und Besinnlichkeit, hat sich für den Großteil unserer Gesellschaft zum Fest der Geschenke entwickelt. Menschen, die das ganze Jahr über keinen Kontakt zueinander hatten, versammeln sich an einem Ort, um sich über Neuigkeiten auszutauschen, gemeinsam zu essen und sich schließlich Geschenke zu überreichen. Die Vorbereitung auf einen solchen Abend ist für viele Menschen eine Qual. Für jeden muss ein Geschenk gekauft werden. Dabei muss natürlich darauf geachtet werden, dass es genau den richtigen Wert hat. Wenn Sie etwas zu Günstiges kaufen, hält Sie jeder für geizig und Sie begleichen Ihre »Schuld« nicht anständig, wo Sie doch im Vorjahr ein viel teureres Geschenk erhalten haben. Wenn Sie etwas zu Teures kaufen, hält man Sie für überheblich. Man fühlt sich von Ihnen in die Ecke gedrängt, da das bedeutet, dass man Ihnen nächstes Jahr ein noch teureres Geschenk machen muss. Die richtigen Geschenke zu finden, ist ein Balanceakt auf einem schmalen Grad, der Sie viel Zeit, Nerven und Geld kostet. Vor allem das Finanzielle ist häufig ein Problem. Zahlreiche Menschen überziehen ihre Konten, um ausreichend Geschenke machen zu können und nicht in Ungnade bei den anderen zu fallen. Die Liebe und Besinnlichkeit, für die Weihnachten steht, gerät in den Hintergrund und stattdessen werden Probleme erschaffen, um künstliche Bedürfnisse zu befriedigen.

Es ist nicht nur das Schenken, das sich schwierig gestaltet. Auch beschenkt zu werden, kann unangenehm sein. Häufig steht man in der Pflicht, seine Geschenke bedingungslos zu mögen, um nicht undankbar zu wirken. Weiterhin fühlt man sich verpflichtet, jedes Geschenk nutzen zu müssen. Sie haben das bestimmt schon erlebt: Sie bekommen Kleidung geschenkt und immer dann, wenn Sie mit der Person verabredet sind, die Ihnen diese geschenkt hat, ziehen Sie sie an, um zu beweisen, dass Sie das Geschenk nutzen. Und wenn man ehrlich ist, hat man auch oft selbst die Erwartung an einen Beschenkten, dass er seine Geschenke fleißig nutzt, damit man sie nicht umsonst gekauft hat.

Insgesamt geht der Spaß am Schenken verloren, da Schenkende und Beschenkte Erwartungen haben und sich jeweils gezwungen fühlen. Sie tun, was sie tun müssen und nicht das, was sie gerne tun würden. Erwartungen führen zu Enttäuschungen und Zwänge führen zu Unzufriedenheit.

Wo Erwartungen bestehen, kann keine Rede von einer »Überraschung« sein. Der Sinn eines Geschenkes ist, einen Menschen zu überraschen und ihm eine Freude zu machen. Wo bleibt der Überraschungseffekt und wo ist die echte Freude, wenn sich jemand bereits Wochen vor seinem Geburtstag oder Weihnachten etwas Bestimmtes aussucht und dann darauf wartet, es endlich überreicht zu bekommen?

Wenn Sie jemandem eine Freude machen wollen, dann warten Sie nicht auf Geburtstage oder Feiertage. Jeder Tag könnte der letzte sein. Denken Sie nicht daran, wie viel das Geschenk kosten darf oder nicht. Ein Geschenk, das von Herzen kommt, muss nichts kosten. Es kann aber auch teuer sein und der Preis spielt keine Rolle. Entscheidend ist, dass Sie jemandem mit einer spontanen Überraschung zeigen, dass er Ihnen wichtig ist und dass Sie das ehrliche Bedürfnis haben, ihm eine Freude zu machen.

Wenn man mir an einem beliebigen Tag des Jahres einfach so einen Kuchen backt, freue ich mich mehr darüber als über einen neuen Fernseher zu Weihnachten. Bei Festtagsgeschenken schwingt immer das ungute Gefühl mit, dass man nur beschenkt wird, weil alle das Gefühl haben, es tun zu müssen. Die gesellschaftliche Konvention des Schenkens zwingt uns dazu. Ein spontanes Präsent hingegen ist frei von allen Zwängen und sorgt für reine Freude.

Wenn Sie etwas verschenken, dann geben Sie es fort. Bereiten Sie dem Beschenkten kein unangenehmes Gefühl, indem Sie Erwartungen für die Nutzung des Geschenks haben. Man wird sich dafür erkenntlich zeigen und auch keine Erwartungen an Sie haben. So fühlt sich das Ganze gleich viel entspannter und schöner an.

Denken Sie zu jeder Zeit des Jahres an Ihre Mitmenschen. Zeigen Sie ihnen etwas Wertschätzung, indem Sie ihnen hin und wieder eine kleine Freude machen. Seien Sie kreativ und zeigen Sie mit Ihren Geschenken, dass Sie Ihr Gegenüber und seine Interessen wirklich kennen. Sorgen Sie für Glück, teilen Sie es und erhalten Sie doppelt so viel zurück. Es wird sich für alle Beteiligten lohnen.

Lösen Sie sich von der Vorstellung, dass Geschenke eine zwingende Voraussetzung für einen Festtag sind. Auf diese Weise rückt der eigentliche Sinn hinter der Feierlichkeit in den Mittelpunkt und Sie erleben ein viel schöneres Fest. Schenken macht Spaß, wenn es frei von Zwängen und Erwartungen ist, also befreien Sie sich davon.

Schenken Sie von Herzen und nicht, weil Sie müssen. Dann werden Sie sehr viele glückliche Momente im Alltag und schönere Feiertage erleben!

48)
Seien Sie ein Vorbild

Das »System«, auf dem unser Alltag beruht, ist mit Sicherheit nicht perfekt. Es gibt viele Probleme und Missstände, die für weltweite Unzufriedenheit sorgen. Politisch, wirtschaftlich und auch gesellschaftlich gibt es ständig Diskussions- und Handlungsbedarf. Jeden Tag berichten die Massenmedien von neuen Herausforderungen und Komplikationen, die auf uns zukommen. Zusätzlich spaltet sich die Gesellschaft in verschiedene Lager, wodurch großes Konfliktpotenzial entsteht. Die Gesamtsituation fühlt sich häufig so bedrückend an, dass man phasenweise Schwierigkeiten damit hat, optimistisch zu sein und sein persönliches Glück einschränkt.

Die meisten Menschen sprechen davon, der »einfache« oder »kleine Mann« zu sein und nichts zum Allgemeinwohl beitragen zu können. Sie warten darauf, dass sich jemand anderes darum kümmert, wie z.B. die Regierung. Dieser Irrglaube gehört wahrscheinlich zu den größten Problemen unserer Gesellschaft. Es ist sehr einfach, seinen Beitrag zu einer positiven Veränderung zu leisten und wenn mehr Menschen das täten, sähe die Welt bereits ganz anders aus!

Wie Sie diesem Buch bereits mehrfach entnehmen konnten, sind Sie in erster Linie eigenverantwortlich. Dies ist jedoch nicht Ihre einzige Verantwortung. Sie haben ebenso eine Verantwortung gegenüber dem Leben. Das Leben ist das kostbarste Geschenk, das Sie jemals erhalten haben und werden und da es in Ihrem Interesse liegt, es positiv zu gestalten, haben Sie auch ihm gegenüber eine Verantwortung, die alles beinhaltet, was Ihnen lieb und teuer ist. Warten Sie nicht darauf, dass sich etwas von alleine ändert. Wenn etwas gut werden soll, müssen Sie es in die eigenen Hände nehmen.

Dieses Buch ist nicht politischer Natur und deshalb werden wir nicht tief in das Thema einsteigen und konkrete Maßnahmen zur Beteiligung am Weltgeschehen diskutieren. Hier geht es um etwas viel Einfacheres! Etwas, das Sie jederzeit tun können, ohne sich dafür bemühen zu müssen: Seien Sie ein gutes Vorbild.

Wenn Menschen Fehler machen und nicht aus ihnen lernen oder ein Verhalten an den Tag legen, das ihrer Umwelt schadet, steckt in den meisten Fällen keine böse Absicht dahinter. Diese Personen wissen es einfach nicht besser, da sie keine Vorbilder haben, die ihnen positivere Möglichkeiten aufzeigen. Deshalb haben Sie die Möglichkeit, ein gutes Vorbild zu sein. Dafür müssen Sie sich nicht politisch engagieren, keine Veranstaltungen besuchen und auch niemanden belehren. Sie müssen sich einfach nur Ihren positiven Gedanken entsprechend und somit vorbildlich verhalten, um anderen ein gutes Beispiel zu sein. Wenn

Ihre Mitmenschen wahrnehmen, wie Sie aufgrund Ihrer positiven Glaubenssätze und Gewohnheiten aufblühen, werden sie schnell das Bedürfnis entwickeln, zu erfahren, was Ihr »Geheimnis« ist.

Selbst, wenn Sie nur wenige Anregungen aus diesem Buch konsequent in Ihrem alltäglichen Leben anwenden, werden Sie zeitnah eine Steigerung Ihrer Lebensqualität feststellen. Lassen Sie Ihre Mitmenschen daran teilhaben. Teilen Sie ihnen mit, wie Sie zu Ihrem persönlichen Erfolg kommen und motivieren Sie sie dazu, sich vermehrt für sich und ihre persönliche Entwicklung zu engagieren. Machen Sie ihnen Mut und helfen Sie ihnen dabei, die besten Menschen zu sein, die sie sein können. Jeder glückliche, selbstbewusste und verantwortungsbewusste Mensch ist eine Bereicherung für die Gesellschaft.

Es gibt viele gute und hilfreiche Tugenden, die selten geworden sind. Zahlreiche Menschen beschweren sich darüber, unternehmen aber nichts, was zu einer Verbesserung führen könnte. Im Folgenden werde ich ein paar dieser guten und erstrebenswerten Tugenden nennen. Wenn Sie sie auch für sinnvoll halten, dann leben Sie sie ihren Mitmenschen vor, damit diese sich ein Beispiel an Ihnen nehmen.

Was die Höflichkeit betrifft, unterscheidet man heute zwischen »alter Schule« und »modern«. Die Gesellschaft hat sich so entwickelt, dass heutzutage vor allem jüngere Menschen viele allgemeine Umgangsformen gar nicht erst kennenlernen. Einfache

freundliche Gesten, wie anderen den Vortritt zu lassen, älteren Menschen einen Sitzplatz in öffentlichen Verkehrsmitteln anzubieten oder für jemanden eine Türe zu öffnen, sind zur Seltenheit geworden.
Simple Aussagen wie: »Dankeschön«, »Bitteschön« oder »Einen schönen Tag noch« gehören nicht mehr zum gesellschaftlichen Standard.
Die meisten Menschen verfolgen dabei keine bösen Absichten, sondern sind so sehr mit sich selbst und ihren multimedialen Ablenkungen beschäftigt, dass sie ihre Mitmenschen und die Notwendigkeit einer sozialen Interaktion nicht wahrnehmen.

Empathie ist ein Begriff, der in Vergessenheit zu geraten scheint. An zu vielen Stellen und in zu vielen Momenten fehlt das Mitgefühl für andere Menschen. Die Gesellschaft beschwert sich über Ausländer, Obdachlose, Straftäter und andere Randgruppen, ist aber nicht bereit, nach Lösungen zu suchen. Die Erwartungshaltung ist hoch, während die Bereitschaft, sich über Hintergründe zu informieren oder zu helfen, gering ist. In einer Welt ohne Mitgefühl regieren Ignoranz und Gewalt. In solch einer Welt ist es schwierig, glücklich zu sein.

»Höher, schnell, weiter« ist das Motto unserer Zeit. Wir wollen mehr Geld, schönere Autos, größere Häuser, bessere Jobs innovativere Technologien, usw. Wie ist es unter diesen Umständen möglich, jemals durchzuatmen und einen Moment wertzuschätzen? Wie kann man jemals zufrieden sein, wenn man mit starrem Blick nach vorne durch das Leben hetzt?

Fortschritt und Weiterentwicklung sind zweifelsohne wichtige Bestandteile der persönlichen Entwicklung. Man sollte sich jedoch in einem für sich gesunden Tempo fortbewegen und stets den Moment wertschätzen.

Manchmal scheint es, als würden wir vergessen, dankbar zu sein. Gesund zu sein, ein Zuhause zu haben, arbeiten gehen zu können und wertvolle Mitmenschen um sich herum zu haben, ist vielen Menschen nicht genug. Sie empfinden all das als selbstverständlich und erwarten mehr vom Leben, ohne sich dafür engagieren zu wollen. Wenn wir Menschen nicht lernen, dankbar für alles zu sein, was unser Leben besonders macht, werden wir niemals Zufriedenheit erfahren, egal, wie weit wir uns entwickeln.

Dies sind nur wenige der guten Tugenden, die unsere Gesellschaft stabilisieren können und uns dabei helfen, glücklich und friedlich zu leben. All das hat nichts mit Esoterik und Meinungsbildung zu tun, sondern entspricht logischen Tatsachen. Welche positiven menschlichen Eigenschaften fallen Ihnen noch ein? Zu welchem Verhalten sollten wir Menschen finden, um ausgeglichener und zufriedener zu werden? Finden Sie das, was für Sie am meisten Sinn macht und geben Sie es an andere weiter. Belehren Sie nicht einfach nur, sondern gehen Sie mit gutem Beispiel voran. Sie werden staunen, wie viele Menschen Ihnen folgen werden.

49)
Entfernen Sie alle Schubladen

Jeder Mensch ist anders. Es gibt mehr als 7 Milliarden lebende Menschen auf der Erde und doch gleicht keiner dem anderen eins zu eins. Wir unterscheiden uns in allen möglichen Aspekten: Dem Aussehen, Humor, Schmerzempfinden, unseren moralischen Wertvorstellungen, unserer Abenteuerlust, usw.
Angesichts dieser Tatsache ist es kaum zu glauben, dass Verallgemeinerungen, Vorurteile und Schubladendenken zur Tagesordnung des gesellschaftlichen Lebens gehören.

Die Massenmedien leben uns vor, wie wir zu leben haben: Kaufen Sie dieses Produkt, folgen Sie diesem Trend, machen Sie diesen Job, halten Sie sich an diese Diät, usw.
Es gibt Vorgaben und Richtlinien, die bestimmen, ob jemand ein guter Bürger ist oder nicht. Wer dem Strom nicht folgt, ist ein Rebell oder Außenseiter. Insgesamt ist es den meisten Menschen unangenehm, wenn jemand seinen Alltag hinterfragt und ihn an seine individuellen Bedürfnisse anpassen will.

Vor allem Vorurteile stehen der Individualisierung des Menschen im Weg: Alle Ausländer sind nur hier, um dem Land zu schaden. Frauen gehören an den Herd und nicht in die Führungsspitze von Unternehmen. Männer sind Schweine, die Frauen ausnutzen und alle Obdachlosen sind Alkoholiker und Drogenabhängige. Dies sind nur wenige der gängigen Vorurteile, die Menschen in Schubladen sperren.

Als letztes Beispiel sei noch erwähnt, dass das Verhalten weniger Menschen häufig verallgemeinert und auf eine Mehrheit bezogen wird. Findet in England eine Unruhe in einem Fußballstadion statt, sind alle Engländer Schläger und Unruhestifter. Wird im Fernsehen der Fall eines korrupten Polizisten in den USA gemeldet, sind alle Amerikaner geldgierig und korrupt und wenn sich in Deutschland rechtsradikale Menschen zu einem Demonstrationsmarsch versammeln, kehrt das Dritte Reich zurück.

Vorurteile und Verallgemeinerungen sind Übertreibungen, die zu großen Ungerechtigkeiten führen. Häufig ist es das Ärgernis über diese Ungerechtigkeit, das Menschen dazu bewegt, ihren Klischees entsprechend zu handeln, sei es aus Trotz oder Wut. Das Schubladendenken steht einem glücklichen und friedlichen Zusammenleben im Weg.

Wir alle haben die Möglichkeit, etwas gegen diese negative Entwicklung zu unternehmen. Dafür benötigen wir kein Geld, keine zusätzliche Zeit und keinen Aufwand. Alles, was wir tun müssen, ist, uns über Menschen, Situationen oder Umstände zu informieren, bevor wir uns eine Meinung bilden und urteilen.

Sie müssen nicht mit dem Strom schwimmen, nicht für die Taten Ihrer Mitmenschen verantwortlich gemacht werden und auch nicht unter Vorurteilen leiden. Die Voraussetzung dafür ist, dass Sie selbst keine Vorurteile und kein Schubladendenken zulassen. Menschen lassen sich nicht in Schubladen stecken. Dafür sind sie zu verschieden. Wer diese simple Tatsache versteht, entwickelt plötzlich ein völlig neues Weltbild.

Wer glaubt, bereits alles zu wissen, hat keinen Anreiz, Neues zu lernen und sich weiterzuentwickeln. Wenn Sie begreifen, wie viel es über andere Menschen und alle möglichen Dinge des Lebens zu lernen gibt, wenn man jegliche Verallgemeinerungen aufgibt, entwickeln Sie eine große Neugier und bekommen Lust darauf, all das neu kennenzulernen und zu entdecken.

Lassen Sie mich Ihnen ein einfaches Beispiel geben, das verdeutlicht, wie viel Potenzial zur Veränderung der Gesellschaft Sie als einzelne Person haben:

Sie leben in einem Dorf, in dem es nur einen Bäcker gibt. Dieser Bäcker backt furchtbar schlechte Brötchen, also sprechen Sie ihn darauf an und schlagen ihm vor, ein neues Rezept auszuprobieren. Der Bäcker ist nicht sehr offen für die Rückmeldungen seiner Kunden und belässt alles so, wie es ist. Er sagt sich, dass Sie ohnehin darauf angewiesen sind, bei ihm einzukaufen, da es keinen anderen Bäcker im Dorf gibt.

In den darauffolgenden Tagen bemerken Sie, dass er diese Einstellung pflegt. Die Brötchen schmecken gewohnt furchtbar. Im Grunde genommen ist keiner der Dorfbewohner mit der Qualität der Ware zufrieden, aber da es keine Alternative gibt, gibt sich jeder damit zufrieden.
Sie beschließen, dass es Ihnen reicht und beginnen noch am selben Tag, Ihre eigenen Brötchen zu backen. Das bleibt nicht unbemerkt. Der Bäcker fragt sich nach einigen Tagen, wo Sie denn bleiben und auch die anderen Dorfbewohner haben mitbekommen, dass Sie nicht mehr in die Bäckerei gehen. Also zeigen Sie den anderen Ihre Brötchen und lassen sie von ihnen kosten. Da es nicht schwer ist, die schlechte Qualität des Bäckers zu überbieten, sind sofort alle von Ihrem Gebäck begeistert und hochmotiviert, nun auch ihre eigenen Brötchen zu backen.
Der Bäcker ist beunruhigt und sieht seine Felle davonschwimmen. Bereits nach wenigen Tagen kommt kaum noch jemand bei ihm einkaufen. Wenn er sich und sein Geschäft retten will, muss er handeln. Er macht sich an die Arbeit und beginnt, bessere Brötchen zu backen. Sie haben gewonnen. Sie haben ihn zum Handeln gezwungen.

Dieses simple Beispiel zeigt, dass Sie keine Erfolge erzielen und keine Veränderungen herbeiführen, wenn Sie sich beschweren. Um wirklich etwas zu bewegen, müssen Sie die Initiative ergreifen. Sie sind keine kleine und unbedeutende Person, die in der Menge aller Menschen untergeht. Ihre Fähigkeit, klug zu handeln, macht Sie mächtig. Als gutes

Vorbild haben Sie die Möglichkeit, zahlreiche Menschen zu inspirieren.

Wenn Sie andere Menschen nicht aufgrund von Vorurteilen oder Verallgemeinerungen verurteilen, ohne sie zu kennen, gehen Sie mit gutem Beispiel voran. Zeigen Sie Initiative. Machen Sie nicht dieselben Fehler wie andere Menschen, denn so bestätigen Sie das Prinzip des Schubladendenkens nur. Stellen Sie Ihre Individualität unter Beweis. Zelebrieren Sie, dass jeder Mensch anders ist und helfen Sie Ihren Mitmenschen dabei, das zu verstehen. So leisten Sie Ihren Beitrag dazu, eine Welt zu erschaffen, in der es ein Leichtes ist, nachhaltig glücklich zu sein.

50)
Altern Sie nicht. Reifen Sie!

Wir haben den Hauptteil des Buches mit Gedanken über die Zeit begonnen und so werden wir ihn auch beenden. Ein gesundes Zeitbewusstsein ist unerlässlich, wenn es darum geht, glücklicher, ausgeglichener und erfolgreicher zu sein. Gleichzeitig kann das intensive Beschäftigen mit der Zeit aber auch dazu führen, dass man Angst vor der Vergänglichkeit entwickelt. Viele Menschen fürchten, zu viel Zeit ihres Lebens verschwendet zu haben oder ihr Zeitbewusstsein erst zu spät zu entwickeln. Manche betrachten ihre Lebenszeit auch als laufenden Countdown und fürchten sich so sehr vor dem Ablauf ihrer Zeit, dass sie das Leben nicht genießen können. In Wahrheit gibt es keinen wirklichen Grund, sich deswegen Sorgen zu machen.

Es ist nicht so, dass die Vergänglichkeit uns einfach nur altern lässt. Sie lässt uns reifen. Mit jedem Moment und mit jedem Erlebnis sammeln wir Erfahrungen. Wir erfahren mehr über uns, unsere Mitmenschen und das Leben. Je mehr wir von all dem verstehen, desto mehr Spaß haben wir daran. Wir lernen täglich dazu, entschlüsseln ständig Mysterien, die uns lange beschäftigt haben und entfernen uns von den Dingen, die uns in der Vergangenheit geschadet haben. Mit der Zeit voranzuschreiten, ist eine großartige und zufriedenstellende Sache.

Dass unsere Zeit begrenzt ist und irgendwann enden wird, gehört zu den Gesetzen des Lebens. Es ist eine unvermeidliche Tatsache, der wir uns nicht entziehen können. Deshalb macht es keinen Sinn, sich darüber Sorgen zu machen oder sich davor zu fürchten. Seien Sie eher neugierig auf das, was nach dem Ablauf Ihrer Zeit folgt. Wenn im Leben alles möglich ist, dann ist es das auch im Tod. Nutzen Sie Ihr Leben und genießen Sie es. Machen Sie das Beste aus jedem einzelnen Tag. Leben Sie Ihren Wünschen entsprechend und bereichern Sie sich und Ihre Mitmenschen. Und wenn Ihre Zeit abgelaufen ist, dann lassen Sie sich von dem überraschen, was Sie als nächstes erwartet. Keiner weiß es, doch es gibt viele Anzeichen dafür, dass das Ende vielleicht ein Anfang sein könnte.

Fürchten Sie sich nicht vor dem Altern. Es ist eine logische Konsequenz des Lebens. Betrachten Sie die Vergänglichkeit als Motivation. Sie erinnert uns daran, dass wir unsere Zeit positiv nutzen müssen, um eines Tages stolz und zufrieden zurückblicken zu können. Bringen Sie sich nicht in eine Position, in der Sie später Reue empfinden müssen, sondern leben Sie Ihr Leben so, dass Sie an Ihrem letzten Tag von sich behaupten können, nichts verpasst zu haben.

Stellen Sie sich vor, Sie hätten plötzlich einen sehr hohen Kontostand, der sich nie wieder erhöhen wird.

Jeden Tag haben Sie die Möglichkeit, eine fixe Summe von Ihrem Konto abzuheben. Wenn Sie das nicht tun, verschwindet diese Summe im Nichts. Sie können das Geld nicht sparen, sondern haben nur die Wahl, entweder jeden Tag Summe X abzuholen und zu nutzen oder sie verfallen zu lassen. Was würden Sie tun?

Denken Sie daran, dass die Zeit unsere kostbarste Ressource ist. Kostbarer als Geld. Sie können sich jeden Tag aussuchen, ob Sie Ihre Zeit nutzen oder verstreichen lassen.

Fühlen Sie sich nicht von der Vergänglichkeit gehetzt. Lassen Sie sich von ihr einfach daran erinnern, dass nichts im Leben für immer gegeben ist. Machen Sie das Beste aus Ihrer Zeit und genießen Sie die Reise. Dann werden Sie wirklich nachhaltig glücklich sein.

Ihre Strategie zum persönlichen Glück

Die 50 Grundsätze des Glücks stecken voller nützlicher und hilfreicher Informationen, die Vieles in Ihrem Leben verändern sollen und werden, wenn Sie es zulassen. Da jeder Mensch anders ist, sind die jeweiligen Informationen für jeden unterschiedlich wichtig und zutreffend. Damit Sie den optimalen Nutzen aus den Grundsätzen des Glücks ziehen, werden wir ein einfaches, aber effektives Auswertungsschema verwenden, das sich bereits in einigen meiner anderen Bücher bewährt hat.

Es kommt immer wieder vor, dass Menschen ein Buch lesen, davon vollends begeistert sind und es trotzdem nach einigen Wochen verfluchen, da die von ihnen gewünschten Veränderungen zum Besseren noch immer nicht eingetreten sind. Sie kaufen sich ein weiteres Buch zu dem gleichen oder einem ähnlichen Thema und erzielen auch damit keine Erfolge. Deshalb kommen sie zu dem Schluss, Ratgeber seien Unsinn, dem die Leichtgläubigen erliegen. Damit Sie nicht dieselbe negative Erfahrung machen müssen, weise ich Sie noch einmal darauf hin, dass dieses Buch nur Gedankenanstöße geben kann. Da Sie eigenverantwortlich sind und somit die volle

Macht über Ihr Leben haben, sind Sie die einzige Person, die nachhaltige Änderungen vornehmen kann. In diesem Kapitel erfahren Sie, wie Sie eine sehr simple Strategie erstellen, die Ihnen beim Vornehmen dieser Veränderungen hilft.

Zu Beginn des Buches habe ich Ihnen empfohlen, sich Notizen zu machen. Wenn Sie diesen Rat befolgt haben, werden Sie nun einen sehr guten Überblick über die verschiedenen Themen haben und sehr leicht mit ihnen arbeiten können. Wenn nicht, werden Sie Ihr Gedächtnis bemühen müssen und eventuell hin und wieder zurückblättern, um sich die für Sie wichtigen Stellen in Erinnerung zu rufen. Ihre Strategie zu mehr Glück, Zufriedenheit, Selbstbewusstsein und Erfolg umfasst nur 4 Schritte.

<u>Schritt 1:</u>
Sie sind kein unbeschriebenes Blatt und haben schon einige Erfahrungen im Leben gesammelt. Aus diesem Grund waren nicht alle Informationen in diesem Buch neu für Sie. Über Vieles haben Sie mit Sicherheit bereits selbst nachgedacht und wahrscheinlich gibt es auch manche Punkte, die Sie schon erfolgreich in Ihrem Leben anwenden. Das ist gut so und wird später noch ein wichtiger Bestandteil Ihrer Strategie sein.
Im ersten Schritt geht es um die Punkte, über die Sie sich selbst schon einmal Gedanken gemacht haben, die aber noch keine Anwendung in Ihrem Leben finden. Zu dieser Kategorie könnte zum Beispiel die Tatsache gehören, dass Ihre Wut im Endeffekt nur Ihnen und Ihren liebsten Mitmenschen schadet, anstatt

den Verursacher zu bestrafen. Die meisten Menschen wissen das im Grunde selbst, haben aber Schwierigkeiten damit, diese Wahrheit anzuerkennen und entsprechend zu handeln.

Die Punkte in dieser Kategorie sind besonders wichtig. Die Tatsache, dass Sie sich bereits eigene Gedanken darüber gemacht haben, ist ein Indiz dafür, dass diese Wahrheiten zu Ihrem Leben und Ihrer aktuellen Situation passen. Deshalb sollten Sie diesen Punkten eine hohe Priorität zuschreiben. Notieren Sie sich, welche der 50 Grundsätze dazugehören und beschäftigen Sie sich regelmäßig mit ihnen. Gehen Sie Schritt für Schritt vor und nehmen Sie sich einen Grundsatz nach dem anderen vor. Etablieren Sie die jeweiligen Glaubenssätze in Ihrem Denken und handeln Sie ihnen entsprechend. Mit den ersten positiven Ergebnissen erhalten Sie die Bestätigung, dass Sie sich auf dem richtigen Weg befinden.

Schritt 2:
Bei der Fülle an Informationen in diesem Buch ist es wahrscheinlich, dass Sie hin und wieder etwas gänzlich Neues erfahren haben oder eine positive Sichtweise auf eine bestimmte Sache kennengelernt haben, die Ihre bisherige Meinung dazu in Frage stellt. Dieser Fall ist wünschenswert, denn Neues zu lernen, gehört zu den grundlegenden Voraussetzungen für die Weiterentwicklung Ihrer Persönlichkeit.

Es kann zum Beispiel sein, dass Sie in den Kapiteln über den Arbeitsalltag und die »Freizeit« neue Perspektiven entdeckt haben, die Ihren Alltag in ein völlig neues Licht tauchen und Ihnen bisher ungeahnte Möglichkeiten zur Gestaltung Ihrer Zeit eröffnen. Durch solche Erfahrungen fühlen Sie sich motiviert und entwickeln eigene, weiterführende Gedanken.

Die Punkte in dieser Kategorie sind die allerwichtigsten. Der Schlüssel zu Ihrem persönlichen Glück liegt größtenteils in den Dingen, die Ihnen noch unbekannt sind. Wäre das nicht so, hätten Sie keinen Grund, dieses Buch zu lesen oder sich überhaupt fortzubilden.

Notieren Sie sich alle Punkte, die Aha-Momente in Ihnen hervorgerufen haben und geben Sie ihnen die höchste Priorität zur Verwirklichung in Ihrem Alltag. Lesen Sie sich die entsprechenden Kapitel noch einmal durch und überlegen Sie sich, wie Sie das, was Sie erfahren haben, ganz konkret in Ihrem Alltag anwenden können. Da jeder Mensch ein vollkommen individuelles Leben lebt, gibt es keine Universalanleitung. Es ist Ihre Aufgabe, herauszufinden, wie Sie sich das Wissen zunutze machen können. Die vielen Beispiele und Anwendungshinweise werden Ihnen dabei behilflich sein.

Beobachten Sie, was für Sie funktioniert oder nicht. Wenn Sie merken, dass sich ein bestimmter Glaubenssatz oder eine bestimmte neue Verhaltensweise positiv für Sie auswirkt, dann behalten Sie sie bei. Sollten Sie jedoch das Gefühl haben, keinen wirklichen Mehrwert zu gewinnen, dann machen Sie mit dem nächsten Punkt weiter. Es gibt noch viele weitere Gedanken, Glaubenssätze und Methoden, die Sie ausprobieren können.

Schritt 3:
Selbstverständlich gibt es auch positive Anregungen in diesem Buch, die Sie nicht nur bereits kennen, sondern selbst erfolgreich in Ihrem Leben anwenden. Das bedeutet nicht, dass diese Grundsätze Ihnen keine Hilfe mehr sind. Dadurch, dass Sie sie hier lesen, erhalten Sie positive Bestätigung und Motivation. Machen Sie weiter so! Achten Sie vor allem darauf, diese positiven Punkte weiterhin in Ihrem Leben aufrechtzuerhalten und sie nicht zu vernachlässigen, weil Sie nun mit neuen Anregungen beschäftigt sind.

Notieren Sie sich alle Punkte, die in diese Kategorie gehören und gehen Sie sie immer wieder durch, um Ihre Erinnerung aufzufrischen, sich zu motivieren und sich vor Augen zu führen, wie viele positive Fortschritte Sie bereits gemacht haben.

Schritt 4:
Wenn Sie die letzten drei Schritte befolgt haben, haben Sie nun eine Auflistung vor sich, die aus drei Kategorien und 50 Grundsätzen besteht, welche jeweils noch zahlreiche andere positive Gedanken und Glaubenssätzen beinhalten. Es ist deshalb so wichtig, diese Einteilung vorzunehmen, da sonst wichtige Informationen und Anregungen verlorengehen könnten. Verlassen Sie sich nicht zu 100 Prozent auf Ihr Ge-

dächtnis, denn es erlaubt sich hin und wieder, etwas Wichtiges fallenzulassen.

Versuchen Sie nicht nur, diese Gedanken anzunehmen und ihnen entsprechend zu handeln, sondern tun Sie es einfach. Die wichtigste Voraussetzung für den Erfolg ist die Tat. Wenn Sie sich an dieses simple Prinzip halten, werden Sie sehr schnell die ersten Erfolge erzielen. Damit diese Erfolge nicht sofort zur Selbstverständlichkeit werden, sollten Sie sie dokumentieren.

Führen Sie ein Erfolgstagebuch. Sie können es schriftlich führen, mit einem Diktiergerät kurze Sprachaufzeichnungen machen oder ein Videotagebuch anlegen. Wichtig ist, dass Sie immer wieder die Möglichkeit haben, Ihre Fortschritte zu überprüfen und dann aufs Neue darüber überrascht zu sein, wie viel sich schon wieder zum Positiven verändert hat. So behalten Sie nicht nur im Blick, was gut für Sie funktioniert oder nicht, sondern haben auch viel mehr Erfolgserlebnisse und entwickeln eine höhere Wertschätzung für all Ihre Bemühungen und Ihre Weiterentwicklung.

Denken Sie daran, dass jeder Glaubenssatz und jede gute Gewohnheit ein wenig Zeit benötigen, um vom Unterbewusstsein aufgenommen zu werden. Sie müssen Ihren Gedanken entsprechend handeln und dem Unterbewusstsein somit praktische Beweise liefern. Seien Sie nicht ungeduldig oder demotiviert, wenn es ein wenig dauert oder wenn Sie sich zwischendurch bei negativen Gedanken und Verhaltensmustern erwischen. Die Hauptsache ist, dass Sie am Ball bleiben. Durchhaltevermögen ist der Schlüssel zum Erfolg. Auch ein kleiner Schritt ist ein Schritt vorwärts und wesentlich effektiver als der bloße Gedanke an das Ziel.

An dieser Stelle ist das Buch noch nicht zu Ende. Auf der nächsten Seite erwartet Sie eine kleine Überraschung, bevor das Buch anschließend mit ein paar abschließenden Worten ausklingt.

Ein Geschenk für Sie

Zum Schluss des Buches möchte ich Ihnen noch gerne ein Geschenk überreichen. Es ist ein von mir geschriebenes E-Book namens »Die 7 Säulen des persönlichen Erfolges«. Nun sind Sie vielleicht verwirrt und fragen sich, weshalb Sie ein Geschenk bekommen sollten, nachdem Sie das Buch gelesen haben. Lassen Sie es mich Ihnen kurz erklären:

Es liegt mir am Herzen, dass das, was ich schreibe, auch wirklich ankommt. Ich möchte nicht einfach mein Buch gegen Ihr Geld tauschen und mich blind darauf verlassen, dass es Ihnen gefallen hat. Deshalb ist mir das Feedback der Leserinnen und Leser sehr wichtig, denn es ermöglicht mir, hochwertigere und hilfreichere Bücher zu schreiben.
In den letzten Jahren erhielt ich so viele Anfragen nach mehr Informationen und Inhalten rund um die persönliche Entwicklung, dass ich mich dazu entschied, den Blog »Dein Fußabdruck« ins Leben zu rufen. Dort veröffentliche ich wöchentlich neue Inhalte zu allen Themen rund um das Erlangen von mehr Glück, Selbstbewusstsein und Lebensqualität. Inzwischen verzeichnet der Blog mehrere Tausend regelmäßige Besucher pro Monat.

Die Lesertreue, das Vertrauen und die Unterstützung, die ich durch die Leserinnen und Leser erfahre, sind das, was mich dazu motiviert, zu schreiben und ständig neue, bessere Inhalte zu erstellen. Das Feedback und der Rückhalt bedeuten mir sehr viel und dafür möchte ich mich bedanken.

Jeder, der nach der Lektüre dieses Buches das Bedürfnis hat, mehr Informationen zu sammeln, soll sie bekommen. Sie bekommen von mir das E-Book »Die 7 Säulen des persönlichen Erfolges« geschenkt und erhalten Zugriff auf zahlreiche informative Blogartikel, zu denen wöchentlich ein neuer hinzukommt. Vollkommen kostenlos und ohne Haken.
Ich schenke Ihnen noch mehr als das: Jedes Mal, wenn ich ein neues Buch veröffentliche, durchläuft die digitale Version (das E-Book) eine sehr kurze Promotionsphase, in der das Buch für nur 0,99 € zu haben ist. Als treue/n Leser/in werde ich Sie informieren, wenn es soweit ist, damit Sie das Buch lesen können, ohne den vollen Preis dafür zahlen zu müssen.

Damit ich all das für Sie tun kann, müssen Sie nur Eines tun: Mir Ihre E-Mail-Adresse mitteilen, damit ich Ihnen das E-Book zukommen lassen und Sie über Neuigkeiten informieren kann. Mehr nicht. Wie bereits gesagt, ist das Ganze vollkommen unverbindlich und kostenlos.

Da ich Ihnen in der Printversion dieses Buches leider keinen Link zur Verfügung stellen kann, führt der

Weg zum kostenlosen E-Book über die Website www.dein-fussabdruck.de.
Tragen Sie dort einfach Ihre E-Mail-Adresse in das vorgesehene Feld auf der rechten Seite ein und Sie erhalten:

- Das kostenlose E-Book »Die 7 Säulen des persönlichen Erfolges«
- Die Möglichkeit, alle neu erscheinenden Bücher für nur 0,99 € zu erwerben
- Infos zu allen Neuigkeiten auf »Dein Fußabdruck«

An der Sache gibt es keinen Haken. Versprochen. Ich möchte Ihnen lediglich eine Freude machen, Sie bei Ihrer persönlichen Entwicklung unterstützen und mich für Ihre Lesertreue bedanken.
Auf der nächsten Seite lassen wir das Buch noch mit ein paar abschließenden Worten ausklingen, bevor Sie sich endlich vollkommen darauf konzentrieren können, die Grundsätze des Glücks in Ihrem Leben wirken zu lassen.

Abschließende Worte

Auch, wenn das Buch hier sein Ende findet, fängt Ihre Reise gerade erst an. Sie haben allen Grund, sich zu loben. Dass Sie bis hierhin aufmerksam gelesen haben, ist der Beweis dafür, dass Sie es ernst meinen und etwas in Ihrem Leben nachhaltig zum Positiven verändern möchten. Der Anfang ist gemacht und ich wünsche Ihnen viel Erfolg bei allen weiteren Schritten.

Wie bereits erwähnt, lege ich großen Wert auf das Feedback meiner Leserinnen und Leser. Wenn Ihnen das Buch gefallen hat, würde ich mich über Ihre Bewertung auf Amazon.de freuen. Sie können mir auch gerne eine E-Mail an michael@dein-fussabdruck.de schreiben. Mit Ihrer Meinung helfen Sie mir dabei, bessere Inhalte zu erstellen und somit zahlreiche Menschen bei ihrer persönlichen Entwicklung zu unterstützen.

Wenn Sie weitere Inhalte lesen oder Informationen sammeln möchten, stelle ich Ihnen diese gerne zur Verfügung. Denken Sie daran, sich Ihr kostenloses E-Book auf www.dein-fussabdruck.de abzuholen. Dort finden Sie nicht nur zahlreiche kostenlose Blogartikel, sondern auch eine Auflistung all meiner bisher erschienenen Bücher.

Ich wünsche Ihnen von Herzen alles Gute und viel Erfolg beim Erreichen all Ihrer Ziele. Denken Sie immer daran, dass Sie die volle Verantwortung und Macht über Ihr Leben haben. Alles, was Sie sich vorstellen, können Sie auch erreichen. Es ist nicht immer leicht, aber dafür immer lohnenswert. Das Leben ist schön und es ist nicht nur Ihre Aufgabe, sondern auch Ihr gutes Recht, es in vollen Zügen zu genießen. Viel Freude dabei!

Ihr Michael Leister

Lesen Sie auch ...

Das Geheimnis der Anziehung

Wie Sie Sympathien, Einfluss und die Gunst Ihrer Mitmenschen gewinnen

Erhältlich auf Amazon.de

Printed in Poland
by Amazon Fulfillment
Poland Sp. z o.o., Wrocław

69413665R00181